ビジネス実務決定版

新版

はじめての広報宣伝マニュアル

PUBLIC RELATIONS
ADVERTISING

藤江俊彦 著

同友館

はじめに

　突然「広報を担当してほしい」と言われ、何をやっていいのかわからない、あるいは広告や宣伝と同じなのだろうか、と迷う方も少なくないでしょう。

　会社、自治体、学校、病院でも、現代のような成熟型社会でかつメディアが多様化し、グローバルな時代になると、広報とか宣伝というコミュニケーション活動の大切さが認識され、注目されるようになりました。

　広報は広い意味で広告や宣伝も含んで使われがちですが、本来はパブリック・リレーションズ（PR）といって、機能の異なったものです。広告・宣伝は販売促進とともに、マーケティングにとっての重要なコミュニケーション活動です。ただ、どちらも社会や市場と関わり合う上で、コミュニケーションが主たる仕事である点で共通します。

　最近、企業によっては"コーポレート・コミュニケーションズ"といって、広報・PRと広告・宣伝、販売促進などを統合し、特定の部門でまとめるところもあります。中堅・中小企業や行政、教育、医療等の機関では区別しないで、同一の部門や担当者が実施しているところも少なくないでしょう。ソーシャルメディアが普及すると、一層

つの業務の区分けはボーダーレス化してきます。

　そこで本書では、広報・PRと広告・宣伝の両方を短時間で要点がつかめるように基本的知識をまとめてみました。1人で両方を担当される方はもちろんのこと、どちらかを担当される方にとっても手っ取り早くわかりやすい説明と図表類を多く使用しました。広報と宣伝の担当者が別々であっても、お互いがインターフェースして仕事を進めるとき、双方の仕事の枠組みや立場を最低限理解できるようにしておくことが必要です。マーケティングや企画の担当者も、コミュニケーション実務のポイントをつかんでおきたいものです。

　また、大学、短大、専門学校などで、はじめて広報、広告論を学習する人にとっても、実務にのっとったテキストとしてご活用いただくことを期待しています。

　本書は、広報・PRや広告・宣伝のプロになるためではなく、これらの業務の新任者などに現場実務の基本を理解してもらうことを意図してまとめたものです。

　なお、本書をまとめるにあたり、データ収集等にご協力いただいた梅野弘之氏、資料、情報をご提供いただいた企業の方々に篤く御礼申し上げます。

藤江　俊彦

CONTENTS

第1章 広報ベーシック・バージョン
～はじめて広報・PRを担当する人のために～

1 — 広報・PRとは何か ……………………………… 12
2 — 広報と広告の違い ……………………………… 14
3 — 広報部門の仕事 ………………………………… 16
4 — 広報部門の社内的位置づけ …………………… 18
5 — PR会社の業務 …………………………………… 20
POINT — 第1章のまとめ ………………………… 22

第2章 広報レベルアップ・バージョンⅠ
～マスコミへの対応とアプローチ～

1 — パブリシティとは何か ………………………… 24
2 — ニュース・リリースの作り方 ………………… 28
3 — 記者会見の仕方 ………………………………… 30
4 — マスコミ個別取材への対応 …………………… 32
5 — 海外マスコミへのパブリシティ ……………… 34
POINT — 第2章のまとめ ………………………… 36

第3章 広報レベルアップ・バージョンⅡ
～広報による企業防衛～

1 ― 危機管理と広報 ―――――――――― 38
2 ― 緊急時の広報体制 ―――――――――― 40
3 ― 緊急時のマスコミ対応 ―――――――― 42
4 ― 誤った報道への対応 ――――――――― 44
POINT ― 第3章のまとめ ――――――――― 46

第4章 広報スキルアップ・バージョンⅠ
～印刷・編集・取材の基本～

1 ― 印刷物の発注管理 ―――――――――― 48
2 ― 印刷・製本の知識 ―――――――――― 50
3 ― 取材とインタビューの実際 ―――――― 54
4 ― 記事の書き方 ――――――――――― 60
5 ― 見出しの付け方 ――――――――――― 62
6 ― カメラの使い方と撮影の実際 ――――― 64
7 ― レイアウトの仕方 ――――――――― 66
POINT ― 第4章のまとめ ――――――――― 68

第5章 広報スキルアップ・バージョンⅡ
～ビジュアルツールの作り方とスペース広報～

- 1 — 社内報・グループ報のつくり方 ─── 70
- 2 — ビデオ・DVDのつくり方 ─── 76
- 3 — ネットメディアと社内・グループ内広報 ─── 78
- 4 — インターネットによる広報(1) ─── 80
- 5 — インターネットによる広報(2) ─── 82
- 6 — イベントの企画と実施 ─── 84
- 7 — イベントの法律・法務 ─── 86
- 8 — オープンハウス（施設見学会） ─── 88
- POINT — 第5章のまとめ ─── 90

第6章 広報ストラテジック・バージョン
～変化に対応する戦略広報～

- 1 — 広報計画と予算 ─── 92
- 2 — IR活動（投資家広報） ─── 94
- 3 — 地域社会に向けての広報活動 ─── 96
- 4 — 社会活動の推進と広報活動 ─── 98
- 5 — 社会・環境活動の報告、統合報告 ─── 100
- 6 — 採用・募集広報／リクルート広報 ─── 102
- 7 — 企業ブランド・企業イメージづくり ─── 104
- 8 — CI（コーポレート・アイデンティティ） ─── 106
- POINT — 第6章のまとめ ─── 108

第7章 広告・宣伝ベーシック・バージョン
～はじめて広告・宣伝を担当する人のために～

- 1 — 広告とは何か ——————————————— 110
- 2 — マーケティングとコミュニケーション ————— 112
- 3 — 広告の種類 ——————————————— 116
- 4 — セールス・プロモーションと広告 ——————— 118
- 5 — 広告部門の位置づけ ———————————— 122
- POINT — 第7章のまとめ ———————————— 126

第8章 広告・宣伝レベルアップ・バージョン
～広告取引とメディアの特性～

- 1 — 広告主・広告会社・媒体社 —————————— 128
- 2 — 広告会社の組織と機能 ——————————— 134
- 3 — 広告媒体 ———————————————— 138
- 4 — 顧客相談・カスタマーサービス ———————— 152
- POINT — 第8章のまとめ ———————————— 154

第9章 広告・宣伝スキルアップ・バージョン
～広告計画と広告表現～

- 1 — 広告計画の進め方 ————————————— 156
- 2 — 広告キャンペーン ————————————— 160
- 3 — 広告表現と制作業務 ———————————— 162
- 4 — チラシ・パンフレットの制作 ————————— 168
- 5 — ダイレクトメール ————————————— 170
- POINT — 第9章のまとめ ———————————— 172

広告・宣伝ストラテジック・バージョン
～広告の戦略的管理～

1 ― 広告目標の立て方 ─────────── 174
2 ― 広告予算の立て方 ─────────── 176
3 ― 広告効果の測定 ───────────── 178
4 ― 広告の法的規制 ───────────── 182
POINT ― 第10章のまとめ ──────────── 188

◆ ― 主な広告・広報PR関連団体 ─────── 190
◆ ― 参考・引用文献と資料 ─────────── 191

広報
第1章
BASIC
ベーシック・バージョン
version
~はじめて広報・PRを担当する人のために~

1. 広報・PRとは何か

「広報」とか「PR」というのはどういうことでしょう。「PR」とはPublic Relations（パブリック・リレーションズ）の略で、ピーアールと読みます。パブリックという概念が日本語に訳しにくいのですが、公衆とか、最近では市民社会という意味でとらえるのが一般的になっています。リレーションズは関係。つまり、パブリック・リレーションズは「市民社会との良い関係づくり」というような意味合いです。ただ、これでは長いので「PR」と略語を使うか、邦訳としての「広報」を使います。

しかし、現実には同じだという共通理解はできていないようにも思われます。たとえば、お役所に見られる広報広聴課という部署名です。「広聴」とあるのは、一方的に情報発信するのではなく、住民の声を広く聴きながら行政を推進していきましょう、ということなのでしょうが「PR」は本来、ツーウェイ・コミュニケーションを意味しているのです。わざわざ「広聴」というのはどうでしょう。

「広報」とは広く社会に報いる双方向のコミュニケーション活動と理解すべきでしょう。英語では市民へのサービス活動という意味でcivil service（シビル・サービス）を使うこともあります。また「PR」を「宣伝」と同じ意味で使っている人も多いようですが、これから本格的に広報・PR業務を推進しようとする方は、「広報」「PR」と「広告」「宣伝」の違いをまず認識しておいてもらいたいと思います。

なお、近年インターネットが普及、進化して、ソーシャルメディア化も進んできました。広報はまさに広く社会に報いる「ソーシャル・リレーションズ（SR）」にシフトしてきたと言えるでしょう。

▶▶▶企業と利害関係者と広報PR◀◀◀

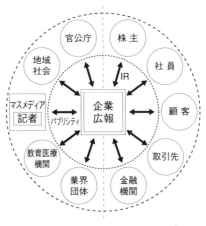

※パブリック〔PUBLIC：公衆〕は企業を取り巻くさまざまな利害関与者を含んでおり、これらをステークホルダーと呼んで個別のリレーションズ活動を行うことがある。全体を総称してパブリック・リレーションズと言う。

▶▶▶電子メディア化と広報の複線的回路◀◀◀

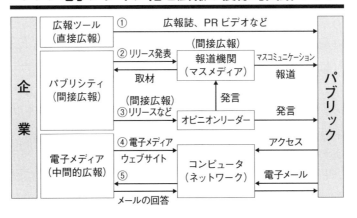

©T.Fujie

Public Relations BASIC version

2. 広報と広告の違い

「広告」と同義語的に使われる言葉に「宣伝」があります。「広告」は Advertising（アドバタイジング）、「宣伝」は Propaganda（プロパガンダ）です。Advertising と Propaganda は明確に区別されますが、それを日本語に訳した「広告」と「宣伝」の区別は曖昧です。『テレビで宣伝している○○』といった場合のように「宣伝」は、そのまま「広告」に置き換えられるケースがほとんどですが、『政治宣伝に利用される』といった場合は政治広告とは言いません。このように両者は違いますが、実務上は「広告」イコール「宣伝」で不都合はありません。

さて、問題は「広報」と「広告」の違いです。たとえば、企業内で「広報」に属する仕事として、マスコミ取材への対応があったり、記者会見の設定や、社内報の発行があるわけです。これだけみても「広告」との違いはわかります。にもかかわらず違いを強調するのは、きわめて似通った部分もあるからです。よく引き合いに出されるのが「広報」の一分野であるパブリシティと「広告」の例です。

第2章で詳しく触れていますが、新商品の発売が新聞で発表された場合、これは企業の側がそのことを新聞社に知らせたからです。新聞社は読者にとって価値あるニュースだと判断して記事にしました。だから掲載料は取りません。しかし結果として商品の知名度が高まり、売上げが伸びる可能性があります。つまり掲載料を払って新聞に「広告」を出したのと同じことです。そこで短絡的な人はパブリシティを無料の広告と勘違いしてしまうわけです。

「広報」は企業を取り巻くさまざまな人々との良好な関係づくりが目的、「広告」は商品・サービスの情報を大量に伝達し売り込むのが目的。おおざっぱですが、ここではそのような理解をしておきましょう。

▶▶▶広告と広報・パブリシティの比較◀◀◀

広告	比較事項	広報・パブリシティ
商品、サービスを売り込むため	目的	市民社会の理解と信頼を得るため
マーケティング（市場開発）	機能	マネジメント（経営管理）
絞り込んだ消費者	対象	広範囲な生活者・市民・パブリック
媒体選別を主体的にできる	特徴	ニュース価値があるかないかの判断はマスコミ
媒体スペース売買のため企業（買い手）にある	スペースどりの決定権	基本的に情報提供、協力のみで、企業にない
企業の側の意図や都合のため高くない	信頼度	メディアの第3者評価によるので客観的で高い
広告面	掲載面	記事面
企業が決定するため計画的にできる（繰り返しも可能）	報道計画	報道サイドが決めるので不確定（ニュースはワンチャンス）
有料	費用	無料

©T.Fujie

Public Relations BASIC version

3．広報部門の仕事

　ここでは広報部門の業務にはどのようなものがあるかを概括的に見ていきます。

●広報部門の主な仕事

　①マスコミ・報道協力……新聞やテレビなどマスコミからの取材に対する窓口。また、記者発表やニュース・リリースなどによるマスコミへの情報提供。取材、撮影の立ち合い。

　②パブリケーション（出版）……広報誌、社内報、会社案内、リーフレット、統合報告書など各種印刷物の企画制作。

　③グローバル広報……海外向け、在日外国人向けおよび海外現地での広報活動。

　④消費者、顧客、カスタマーサービス……お客様相談、苦情処理など顧客との窓口調整役。行政では広聴業務と呼んでいる。

　⑤映像・音響制作……ビデオ・DVD、映画・音楽の企画制作など。

　⑥インターネット広報……インターネットでのウェブサイトの開設やブログ、Youtubeからソーシャルメディアの Twitter、Facebook の活用。

　⑦イベント、オープンハウス……PRイベントの企画・実施、セミナーやシンポジウムの開催や工場見学会（オープンハウス）などのゲストを招待する活動（ゲスト・リレーションズ）。

　⑧地域広報……地域社会、地域団体等に向けての広報活動。

　⑨CSR活動……社会・文化支援、CSR報告書、協賛、寄付など。

　⑩投資家広報……投資家、株主、アナリストなど資本市場関係者への広報活動で、IR（インベスター・リレーションズ）と呼ばれる。

　⑪パブリック・アフェアーズ……政府、官公庁、自治体や業界、

公共・市民団体、NPOなど、社会との緊張を緩和し、良好な関係づくりをするコミュニケーション活動。

このように、広報部門の仕事は多岐にわたっています。広報活動を行う対象だけを見ても、消費者、地域住民、マスコミ、株主、自社の社員、行政など多様で、業務課題には危機管理でのマスコミやネットメディアへの取材対応や緊急記者会見などがあります。会社のイメージを良くするのも広報部門ですが、その逆にダメージを与える可能性もあるということです。

⑫企業の発表原稿の作成……経営トップの講演、スピーチ原稿の準備。

⑬広報調査・分析……ブランドイメージ、広報活動についての調査。

⑭情報・資料の収集と保管……掲載記事のクリッピングや業界、競合企業などの情報・資料、デジタルデータ、写真撮影と保存、音声等の記録、ビデオ、DVD等の保管ファイル。

コーポレート・コミュニケーションズ

最近、企業や広告代理店などでは、コーポレート・コミュニケーションズの部門を設置するケースが増えています。略してCCと呼称することもありますが、広報、PRや広告・宣伝、販売促進を1つの部門でまとめて所轄します。

コーポレート・コミュニケーションズの定義は、次のように言えます。「経営体が環境の変化に対応し、社会や市場との共生を実現するために、理念に基づいて経営の資源、機能を有機的、戦略的に統合して実施するトータルなコミュニケーション活動である。」

(藤江俊彦)

4．広報部門の社内的位置づけ

　広報部門を社内でどのように位置づけるかは、経営トップの考え方が最も反映するところです。大きく３つに分類すれば、
　①トップ直属型
　②部門並列型
　③部門所属型
というようになります。企業の社会性が問われる今日、企業と社会との関わり合いにおいて、その窓口ないしは調整役として活動することが広報の重大な任務になってきています。そうなると経営トップに直属する形が好ましく、事実そのような形をとる企業が増えています。

　上場企業でも総務部や企画部の中に位置づけられているケースが少なくありません（③部門所属型）。ですから中小企業の場合、独立した広報部門や広報スタッフを持たず、しかも広告関係の業務も併せて担当しているケースが多いと思われます。近年ネットメディアの普及とともに広報と広告とを一つの部門に集約する傾向があります。「コーポレート・コミュニケーション部（室）」というような名称が増えてきているのがその表れです。

　本書が、元来別々の仕事と考えられてきた広報と広告を一冊にまとめたのは、実態としてそのような立場におかれている方が多いだろうということの他、これからの企業には、広報と広告両方に通じたコミュニケーターの存在が不可欠であるという考え方に基づいています。実際、情報の受け手としての一般の生活者は、受信した企業の情報が広報から出たものか、広告から出たものかわからないのが普通で、外に出た情報は企業全体として責任を持つべきものです。

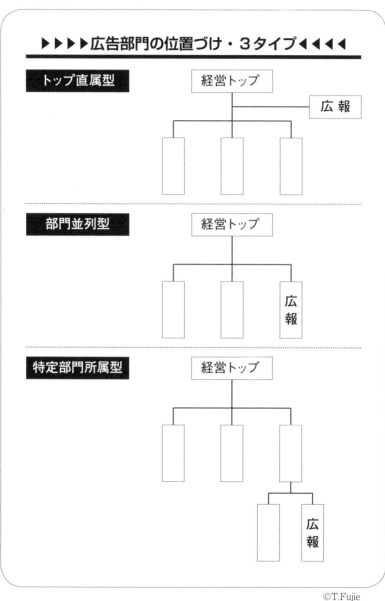

5．PR会社の業務

(1) PR会社の業務

　広報部門のスタッフが少なかったり、ノウハウの蓄積が不十分である場合には、広報業務の一部または大部分を広報代理店に依頼することがあります。広告代理店にならって広報代理店という言い方をしますが、一般にはPR会社（PRエージェント）のほうが通りがいいようです。大手広告代理店の中にはPR業務を担当する部門があります。要は広報PRの実務代行やコンサルティングが主な活動です。PR会社の主な業務内容は、以下のようなものです。

　①パブリシティの企画・実施（媒体接触、報道資料作成・発送）
　②広報ツールの企画立案・制作（ウェブ媒体も含む）
　③イベントの企画立案・実施
　④危機広報の助言・企画・実施
　⑤海外広報
　⑥広報計画とコンサルティング
　⑦メディア・トレーニングの企画・実施

　これらの業務をすべてこなす総合的なPR会社（フルサービス・エージェンシー）もありますが、数の上では専門分野に特化した会社が多いのが実情です。したがって、業務を依頼する場合は、その会社が最も得意とする分野の確認が必要です。イベントひとつをとっても、文化型イベント専門とかスポーツ・イベント専門などと分かれています。

　一部の大手PR会社を除けば、なんでもできますという会社はほとんどないと思ったほうがいいでしょう。できると言っても、さらに下請けに出し、コストがかかるものです。

(2) PR会社との契約

　契約の仕方には、個別の作業項目ごとに依頼するスポット契約の

他に年間契約があります。マスメディアに向けたパブリシティ全般についてのセット料金として、年間いくらと決める方法です。前者は何かのプロジェクトについての短期契約で、後者は月額基本料金（リテイナーフィー）にPR代行とコンサルティングの両方が含まれているのが普通です。

▶▶▶ PR会社選びのチェックリスト ◀◀◀

チェックポイント	チェック内容
①得意分野	新聞・雑誌に強いのか、テレビに強いのか、インターネットに強いのか
②実績・キャリア	どんな会社のどんな仕事をしてきたか
③プロモーション	マスメディアやネットメディアに対する影響力があるか
④情報収集・分析力	収集ネットワークの強さと客観的、社会的価値判断ができるか
⑤企業姿勢	任せた作業を誠実に、適切に処理するか
⑥企画力	独創的企画を積極的に提案できるか
⑦担当スタッフ	担当者の連絡やフットワークはいいか
⑧報酬、契約額	料金はリーズナブルか
⑨総合力	総合的に見て、誠実で有能なパートナーとしてふさわしいか

©T.Fujie

POINT
第1章のまとめ

　第1章では、主にはじめて広報に携わることになった人を念頭に置いて、まず「広報・PR」の意味を明らかにすると同時に、ともすれば混同されがちな「広告・宣伝」との違いを明らかにしました。

　また、広報担当になった場合、PR会社とおつき合いすることがあるので、PR会社の業務内容や仕事を依頼する場合のチェックポイントについて解説しました。

広報

……………第2章……………

LEVEL UP

レベルアップ・バージョンI

version I

〜マスコミへの対応とアプローチ〜

1. パブリシティとは何か

(1) パブリシティとは

　パブリシティは「Public＋ity」と英表示される言葉で、「公共性をつけること」あるいは「公表すること」を意味し、「世評」「評判」「周知」などprivacyの反対語としても使用されます。広報、広告関係では、パブリシティはマスコミに対する広報活動の一つの方法で、記事になると思われる素材としての情報を提供することです。企業がニュースになることを期待して、自社の業務や業績など諸々の社会活動に関する情報を報道機関に提供し、社会に伝達する働きかけのことを言います。

　マスコミという公の客観的なフィルターを通して、公共社会の第三者の価値判断によって記事にされるので、信頼性と付加価値性という点で、市民社会への信頼度が高まります。

　たとえば新製品のマーケット参入の場合、パブリシティ自体は直接的な販売促進活動ではなく、あらかじめ市場に対して受け入れられやすいムードをつくっておくという先行伝達的な役割を持っています。また、企業の経営方針やビジョンを公表することによって、社会の関心と理解を獲得し、信頼関係を形作っていくという、企業広報の基本目的の実現という役割も担っています。

　パブリシティは、報道機関が素材の社会的な価値を認めることによりニュース記事で取り上げます。それゆえにノーペイド（無料）なのです。単なる無料広告と考えていると本質を見失います。

　いかにして提供した情報の価値を理解・認識してもらい、ニュースとして取り上げてもらうか、ここがポイントです。そのためにも報道機関への情報の流し方や取材への対応に関する知識が必要です。企業情報の発信には、企業からマスコミに対して働きかける能動的活動と、マスコミからの取材申し込みに対応する受動的活動に大別されます。前者は記者発表と特定メディアへの取材要請があります。

▶▶▶パブリシティの仕組み◀◀◀

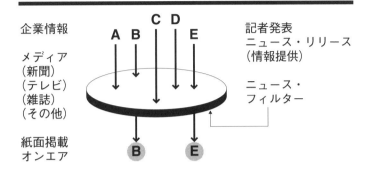

▶▶▶ニュースとなる要件◀◀◀

社会性	パブリックの観点から意義ある情報であること
新奇性	初めての出来事、稀な出来事というフレッシュさ
事実性・真実性	現実の出来事で、事実であり、虚偽虚構がない
話題性	時代やタイミングに合っていて、広く社会の関心を集める
明確性	曖昧な推測や駄弁でなく、明確な情報であること
実利性	生活者・市民にとってためになると思われること
影響性	社会的に広く影響を及ぼすと考えられること
身近性	身近なコミュニティでの出来事で親近感がある
非人間性	きわめて人間離れしたことか非人道的なこと

©T.Fujie

Public Relations LEVEL UP version I

(2) ニュースになる素材とは

　企業が、新聞・雑誌・テレビなどというマスメディアに対して提供した情報のうち、ジャーナリズムの価値判断というふるいにかけられ、残り得たものだけが記事になります。ここで注意しなければならないのは、企業はニュースを提供しているわけではないということです。企業が提供しているのはニュースの素材となる情報にすぎないのです。

　したがって、広報担当者は、どういう素材にニュースとしての価値があるのか、ジャーナリスティックなセンスが必要とされます。会社優先型の判断ではなく、社会的観点で本当にニュースバリューがあるのかどうかという価値判断が要求されます。

　では、ニュースになる素材とはどういうものでしょう。

　記事になるためには、ニュース的価値（新奇性、意外性）と素材的価値（社会性、普遍性、必要性）という2つの要素が必要です。

　企業広報の目的は、企業固有の存在理由とメリットを、社会的なコミュニケーションの回路に組み込み、公衆に受け入れてもらうことです。つまり、企業の独自性を社会性に融和させ、普遍性を生み出していく企業努力です。ですから、企業側が知ってもらいたいことを一方的に提供するのではなく、逆に市民社会が知りたがっていることを察知することが重要です。

　パブリシティのネタになる素材情報を「パブネタ」などと言いますが、ニュースとして取り上げられる条件は5つあります。
　①社会的価値がある……パブリックの観点からニュースに値する
　②新しい情報、フレッシュさ……「初めて」は大切な要素
　③事実である……将来の予定ではなく、現実に行われていること
　④曖昧さがない……不明確、不可解な情報に記者は飛びつかない
　⑤話題性がある……時代的背景の中で話題とされるもの

▶▶▶ニュース素材一覧◀◀◀

内容別分類	具体的事例
経営理念・経営戦略	●新しい経営理念や行動指針の制定 ●環境綱領などの各種綱領の制定 ●新たな経営戦略、ビジョン ●グローバル戦略など ●M&A（合併、買収）等
組織と人事関係	●社長、役員など経営幹部の就任・退任・公職活動 ●経営機構の改革、経営計画、人事制度の改革
財務関係	●決算、資産、株主総会の報告事項 ●増資、転換社債の発行 ●ボーナス、給与の昇給率
事業関係	●営業の事業計画、経営方針 ●業務提携、合併、流通システムの構築 ●新規事業計画、マーケティング戦略 ●技術開発、新設備・装置の導入
技術、工場、技術者・研究者	●新技術の開発と技術者、研究者 ●特殊工場、工場のロボット化 ●工場の新設、移転、誘致
製品、サービス関係	●新製品開発、製品ブランドのエピソード、品質証明、製品計画 ●価格やサービスの変動 ●店舗・施設のサービスやメソッド ●パッケージング、デザイン、マークの変更
イベント	●創立記念パーティ ●新社屋・施設の落成、移転 ●ファッションショー、スポーツイベント、コンサート、講演会、シンポジウムなどの開催
地域社会関係	●オープンハウス、リクレーション活動、地域住民との対話集会やイベント、行政とのタイアップ、NGO、NPOとの共同企画

©T.Fujie

2. ニュース・リリースの作り方

　プレス・リリース（press release）のことですが、このようにも呼ばれます。パブリシティ活動の基本となる報道資料です。
　記者は毎日多量のニュース・リリースを受け取るので、記者の目をひき、関心を持たれるセンスのあるニュース・リリースを作成するスキルが要求されます。要は生活者視点からの発想です。
　記者の一瞬の判断により、ニュース・リリースに託した企業情報の運命は決定されるわけですから、リリースの最大のポイントは「見出し」です。どのようにしてヘッドコピーで記者をキャッチするか、この一点に広報担当者は腐心することになります。

●書き方のポイント
　①横書きにする……アラビア数字記述可能なことからこれが主流
　②日付を書く……2行目に書く。日付はニュースでは重要な要素
　③社名はわかりやすく……日付の次に入れたり、今は最後に入れるケースが多い。いずれも目立つように
　④ポイントから書く……見出し、リード文、本文と簡潔明瞭に順を追って分けて書く。本文はまず要点から、次に説明を
　⑤フック（特長、ウリ文句）は箇条書きで
　⑥用語解説をつける……専門用語が登場する場合はコラム仕立てか用語解説をつける
　⑦資料を添付する……図表類は2枚目以降に添付する
　⑧写真を添付する……新聞等は紙やきをビニール袋に入れてクリップでとめる。デジタルでは添付する
　⑨連絡先を明記する……部門と担当者名は複数明記。連絡先はTEL、FAX、携帯番号、電子メールアドレスなど

▶▶▶ニュース・リリースのフォーマットと留意点◀◀◀

NEWS RELEASE

〔↑カラーにすると目立つ〕　　　年　　月　　日
〔←媒体名、所属部、担当者〕〔元号表記のときにはその後にカッコで西暦も表記する〕
様〔←個人名を入れた方がよい〕

〔自　社　名〕　ロゴ・マーク
〔住　　　所〕

見出し〔魅力的な表現で〕

本文〔内容構成は逆ピラミッドに〕

〔一行あける〕○○○○株式会社は、このたび・・・□□□□……
ヘッド・ライン〔アピール・ポイントを明瞭に〕
□□です。〔です・ます調〕

本文〔5W1H〕

詳細説明〔専門家の解説など〕

結び

この件のお問い合わせは下記へお願いいたします。
〔担当者は必ず複数←〕　広報室／
〔必ず直通番号←〕　TEL　（　）
〔FAXはぜひ入れる←〕　FAX　（　）
携帯電話　（　）
〔直通電話通話時のためこれも入れる←〕　代表電話　（　）　　内線
〔電子メールのアドレスも入れる←〕　eメール

©T.Fujie

Public Relations LEVEL UP version I

3．記者会見の仕方

　記者会見は、情報を発信する日時を設定できること、ニュース・リリースなどの文章表現だけでは不十分である場合、口頭で説明でき、質問にも即答できることなどがメリットです。

　記者会見をする前に再度確認しておきたいのは、情報のバリューを社会的な観点から把握することです。記者会見をするほどの大々的なニュースになり得る素材かどうか、内外の情勢に照らして、いま発表するのがタイムリーかどうか、検討する必要があります。また会見場をホテル等にする時、記者宛に招待状を発送します。

●記者会見のノウハウ

where…記者発表は通常記者クラブで行いますが、公共施設、ホテルなどを借りて行う場合もあります。記者クラブから徒歩5分以内の場所を設定するのがマナーになっています。

when…提供した情報を記事として取り上げてもらいたい場合、発表した翌日の朝刊の掲載を期待するなら、社会的な影響力や問い合わせへの対応を考慮して、月曜から木曜までが適当です。夕刊の原稿の締め切りは午後1時半、朝刊は午前1時半。

who…発表者によってマスコミの関心が違います。発言に対する責任という点も含めて企業トップか担当役員が出席すべきです。

what…配布用のリリースの他、想定される質問のために、発表テーマの背景・関係資料Q&Aなどを用意しておきます。商品の現物などがあると訴求力が出ます。

how…簡潔明瞭を心がけます。リリースをそのまま読み上げるなどということは慎まなくてはなりません。説明に終始せず、記者からの質問応対に重点を置くのがポイントです。

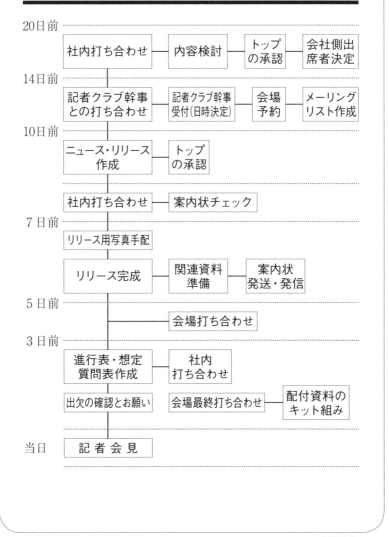

4. マスコミ個別取材への対応

　マスコミからの取材依頼に応ずることは広報の重要な仕事です。マスコミの"国民の知る権利"の代行への協力です。媒体側の企画に協力して記事素材を提供する場合や、事件など特ダネ的情報について対応を求められたり、記者発表後の詳細に関する問い合わせに応じる場合などがあります。媒体側が自社に対して何らかの興味を持っており、報道する意図があるということだからです。結果として記事にならなくても、対応いかんによっては記者から信頼を得たり、好印象を持ってもらう良い機会になります。しかし、事件など特ダネ的対応の場合は慎重になります。

　取材対応で注意すべき点は、まず申し込み媒体の確認をすることです。次に取材意図を確認することです。どういう事柄のどんな点について知りたいのかを押さえておかないと、的外れな対応になってしまう恐れがあります。あらかじめ関係資料を用意して「抜け目のない」体制をアピールしたいものです。また、誰に取材したいのか、確認し、取材日時は、速報性というニュースの性質上、媒体側のスケジュールに配慮するのがベターです。

　取材対応は、マスコミとの接点が得られる絶好の場でもあります。慎重に誠実に、かつ協力的に対応しなければなりません。

　ところで、企業を代表して誰が個別取材対応すべきかという問題ですが、通常は管理職クラス以上が行うべきでしょう。実務責任者が行う場合もありますが、会社や組織を代表しての発言が社会的影響を及ぼすこともあり、相当責任の重い仕事です。役員クラス以上が対応しないと、発言内容などについて社会的責任を問われる場合も出てきます。影響の大きな事件、事故では、取締役クラス以上、あるいは代表である社長が登場したほうがいい場合もあります。

▶▶▶取材対応のルールとマナー◀◀◀

■取材申し込みのとき

チェック項目
(1)媒体を確認する
(2)取材意図（テーマ）を確認する
(3)取材記者の所属部と担当者名を確認する
(4)記者が会いたがっている対象を確認する
(5)取材日時と場所を確認する
(6)以上を再確認し、引き受けるか断るかを判断する。安請け合いはしない

■取材対応のとき

チェック項目
(1)対応時、確信のないことは言わない
(2)オーバーに喋らず、事実をありのままに語る
(3)専門的なことは社内の専門家に協力してもらう
(4)自社を代表する立場と公益的視点を忘れずに
(5)たらいまわしせず、クイック・レスポンスする
(6)関連資料を十分にそろえておく
(7)説明時間を十分にとる
(8)マイナスの事柄でも嘘や曖昧な返答は避け、はっきり対応する
(9)記事にされたくないことは喋らない
(10)記者と議論してはいけない
(11)対応マニュアルを日頃から準備しておく

©T.Fujie

5. 海外マスコミへのパブリシティ

　外国プレスへの発表は、日本国内の外国人記者クラブや通信社（共同通信社、時事通信社）へパブリシティ活動をする場合と、国内外の広報代理店を使って展開していく場合の2つの方法があります。

　記者発表の場合は、プレスセンター、自社、ホテルの一室などで行われます。いずれにせよ外国プレス記者が簡単に出席でき、集合しやすい場所を選ぶことが大切です。

　外国プレスへのプレス・リリースによるアプローチのポイントは、
①最新・確実な送付先リストを常に用意しておくこと
②情報の内容にマッチした的確なメディアにアプローチすること
③リリースを的確に翻訳できるライターを確保しておくこと

　外国文のリリースを作成する場合、ニュアンスが正確に伝わっているか、十分に注意しなければなりません。日本語的な言い回しは思わぬ誤解を招くこともあります。したがって、企業の意図するポイントを的確に表現できるライターの存在が絶対的条件になります。

　さらに重要な点は、時差を考慮して、発表の日時を決めることです。プレス・リリースには現地時間を明記、日本での発表時間との調整も考え併せなければなりません。

　一般の人はあまり意識しませんが、マスコミはニュースを得る優先順位を非常に重視しています。情報が事前に漏れることをリークと言いますが、マスコミ人がひどく嫌う状況です。時差を忘れてうっかり海外発表を先行させてしまった場合、日本国内に先駆けて外電でニュースが入ってくるという事態が生じます。リーク騒動が起こり、企業はペナルティを負うことになります。ネット時代、特に時差にはくれぐれも注意を怠ってはなりません。

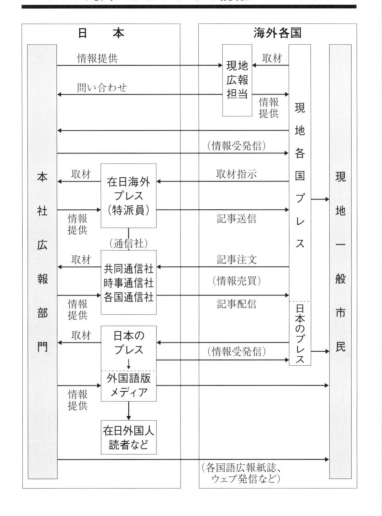

POINT
第2章のまとめ

　広報部門の重要かつ最も基本的な業務がパブリシティです。

　わが社の記事がマスメディアに掲載されることは社会に対しアピールする力が強く、営業面でもプラスになり、ブランドづくりに影響します。そのためには広報担当が報道やパブリシティの意義、基本的なルールや方法を知っておくことが必要です。

　同様のことは記者会見についても言えます。

広報

········第3章········

LEVEL UP
レベルアップ・バージョンII
version II

～広報による企業防衛～

1．危機管理と広報

　ソーシャル化、グローバリゼーションの進展した今日、企業は従来では予測できなかった事故、事件、災害に見舞われる可能性があります。

　たとえば、中高年の雇用調整やセクシャル・ハラスメント、パワー・ハラスメント、外国人雇用問題などは、ここ数年来、特に注目されるようになってきたものです。中高年の雇用調整はバブル崩壊後の長引く不況や構造変革が背景としてあります。セクシャル・ハラスメントは女性の社会進出や人権意識の高まりという時代の変化に、企業の改革が付いて行けないことが一因です。

　また、インターネットの一般化に伴って、コンピュータ事件も増加しています。コンピュータ・ウイルスのように使用者の意図に反してプログラムに入り込み、破壊する事件や個人情報の流出などがあります。パソコンやスマホ等の普及、ソーシャルメディア化が進み、新たな危険性が高まっています。食品偽装、リコール隠し、不正会計等の事件や鉄道等の事故も少なくありません。

　過労死も一昔前ならば、あまり問題にされることはありませんでした。病名は急性心不全や脳卒中であっても、過労が原因と判断されれば、労災補償の適用になります。このような労務管理上のトラブルは訴訟に持ち込まれるケースも多く、長期化する可能性があります。ブラック企業としてのイメージの低下や人材獲得面でのマイナスは計り知れないものがあります。

　冒頭にも述べたように、何が危機的状況かは時代により変化します。企業の論理ではなく、一般社会の論理、生活者・顧客の視点で物事を見たり、考えたりする態度が求められます。

▶▶▶企業にとっての危機の種類◀◀◀

分類	具体例
産業災害	火災、爆発、隧道、崩落、建築施設機械転倒
交通事故	航空機、船舶、鉄道、自動車
環境公害	廃棄物処理、水質汚濁、大気汚染、騒音、土壌汚染、海洋汚染、有害物質漏出
商品事故	欠陥商品、広告表示上の欠陥、にせブランド、食中毒、製造物責任
事件	爆破、脅迫、ハイジャック、誘拐、強盗、毒物混入、横領、贈収賄
経営	倒産、自主廃業、合併・買収
社内不祥事	食品偽装、情報漏洩、脱税、リコール隠し、粉飾決算（不正会計）
人事管理	解雇・左遷・雇用調整による処遇、ハラスメント、労使紛争
株関連リスク	株主総会の混乱、敵対的M&A、インサイダー取引、風説の流布
労務管理	労働争議、労災、過労死、自殺、賃金不払い
自然災害	地震、風水害、火山噴火
その他	情報機器障害、原発事故、感染症災害

●業種によって、特殊な危機的状態が考えられるので、このようなリストを作成しておくことが必要です。

©T.Fujie

2．緊急時の広報体制

　緊急時の広報体制は平素から準備しておかなければなりません。体制づくりのポイントは以下のようにまとめられます。
　①緊急事態発生時、すぐにトップに伝達できるラインをつくる
　②トップ直結の対策本部と体制をつくり、緊急時には通常ラインを越えるコミュニケーションラインを社内に整備しておく
　③スポークスパーソンとして専任役員を置き、代替者を数名選んでおく
　④各事業所の所在地の報道関係者と平素からコンタクトを持つ
　⑤緊急用のファクス、パソコン、ICレコーダー、カメラ、携帯電話、スマホ、充電器など、通信や記録用機器を準備しておく
　⑥各事業所に緊急時の連絡広報員を決めておく
　⑦消費者からの苦情処理担当を設置する
　⑧平素から各事業所の行政自治体、メディア、各種団体とのパイプをつくり、キーパーソンの携帯番号も控えておく
　⑨年1～2回程度の全社的な演習を実施する
　⑩危機管理マニュアルを作成し、全社員に浸透させる
　いったん大事故が起きてからあわてて再発防止のガイドラインやマニュアルをつくるというケースが見られますが、平時から危機管理体制と緊急時の広報体制を整備しておくことが最善の危機防止策になります。欧米では、リスク・マネジャーと言って、危機管理の専門家を置いている企業が少なくありません。大災害時へのBCP（事業継続計画）も備えるべきです。かりに小規模組織であっても危機管理プロジェクト・チームのような組織をつくり、平素から対策を立て、訓練しておくべきでしょう。

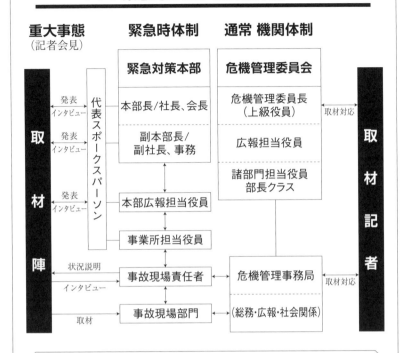

重大事態発生時（人命が失われたり、社会的影響が甚大な場合）には緊急対策本部を設置し、図の左側の対応ルートで対応する。まだ社会的影響が拡大していないか、複数のマスメディアが取材陣をはって動いていないようなときは、通常の危機管理委員会で対応する。

©T.Fujie

3．緊急時のマスコミ対応

　緊急事態が発生した場合、広報部門には複数のマスコミからの問い合わせが殺到します。もし個別の記者に対応しているなら、直ちに企業側から進んで記者会見を開くのが原則です。緊急事態のすべてに記者会見が必要というわけではありませんが、2、3社以上の問い合わせがあるようなら記者会見を実施すべきでしょう。また、社員に対しても執拗な取材攻勢がかけられることがありますが、原則として広報部を通してもらいます。
　「その件に関しては広報に訊ねてください」
　「私はコメントを出す立場にありません」
　社員一人ひとりがきちんと応えられるよう、普段から浸透させておくことが大切です。事件・事故が発生してからでは遅いのです。
　緊急記者会見を行う場合、企業としての基本方針が決まっていなくてはなりません。集めた情報を確認、ポジションノートを作成し、伝えるべきキーメッセージを決めます。たとえば海外での誘拐事件の場合、人命尊重を優先するのか、どうするのか。どっちつかずで会見に臨むと、スポークスパーソン（代表会見者）は自信を持って発言できなくなります。企業秘密に属する情報など、どこまで開示するのかも決めておかなければなりません。事件の当事者や家族のプライバシーに関わる情報は開示することはありません。
　いずれにしても、スポークスパーソンはマスコミ側の厳しい質問にも耐え、冷静さを失わないようにしなければなりません。マスコミは公器としての報道機関ではありますが、同時に商業的側面を持っており、格好の話題づくりにされかねないからです。

▶▶▶コメント内容の必須事項◀◀◀

コメント順序	注意事項
お詫び・陳謝	● まず冒頭に法的責任の有無にかかわらず、「世間をお騒がせした」という意味でお詫びする（米国でも法的責任は問われなくなっている） ● 裁判などがからむ場合は専門家と相談してコメントする
事実経過説明と対応策	● 現段階で確認できた事実関係を発表する ● 事態が長期化しそうなときは、随時記者会見を行い、新たな事実情報を提供する
原因の究明	● 原因を特定できない場合は、調査中であることを伝え、究明に全力を注いでいると話す ● 原因がわかれば発表する
賠償あるいは回収	● 事故で補償を問われている場合は賠償について言及する ● 商品事故の場合等は回収の方法や既に購入した人への賠償に触れる
再発防止策の表明	● 早期に再発防止に着手する用意があるかどうかが企業の評価を決定づける ● 具体的な再発防止策を表明する
責任の所在を表明	● 責任の所在を明瞭にし、責任の取り方を明確に表明する ● ことさらに特定個人の責任のみを強調しない ● トップの引責辞任だけで終わらせようとしない ● 補償など誠意を尽くしたい、という意思表明が責任表明
処分	● 社会的にも納得できる相応の処分。適切で遅くならずに実施。最後に再度謝罪

©T.Fujie

4．誤った報道への対応

　時としてマスコミによって誤った報道がなされる場合があります。そのまま放置しておくと事実として定着してしまいますから、何らかの対応が必要になります。
　誤報道の原因は次の2つのケースが考えられます。
　①提供した資料のデータ（数値や固有名詞）が間違っていた
　②記者の受け止め方（判断、理解、認識）が誤っていた
　いずれにしても、責任の一端は情報提供側にもあるという認識を持つべきでしょう。一方的にマスコミ側の責任だけを追及するべきではありませんし、何よりも誤って流された情報をどのように訂正するかが先決です。

●誤報道への対処の仕方
　①クレームより、まず報道されたミス情報をどのように訂正するかの方策を検討する
　②担当記者を直接訪問して、どのように訂正するかを相談する。電話やeメールでのやりとりはトラブルになりがちなので避けたほうがよい
　③それが不調に終わった場合、デスク・部長など上位役職者に対して誤りを指摘し、訂正の掲載を求める
　④これも不調に終わった場合は、新聞社などメディア側の審査部門に申し入れ書を送る。だいたいこの結論で幕となる

　部分訂正より、修正報道で再度取り上げてもらうほうがよいのです。事態の進展しだいでは、法的手段を検討することもありえますが、極力そこに至らないように努力します。報道と争うことはあまり得策とは言えません。

●マイナスイメージ記事への対処

　誤報とは言えないが、自社にとってマイナスイメージになるような報道がされた場合は次のように対処します。
　①記事になる前の段階では記事にされては困る事情を率直に話し、記者の理解を求める。もみ消しをはからない
　②了解を得られない場合は、できるだけ早い時期にその件に関する煮詰まった情報を発表することを約束する
　③記者に対して記事にしないようにプレッシャーをかけない。特に広告がらみの圧力は好ましくない
　④事実無根の記事が掲載された場合は、会社に取材の事実があったか、憶測記事か、競合企業やなんらかの謀事か、内部告発かなどを調査し、対処する

●訂正に関する留意点

　誤報道はマスコミに接するチャンスでもあります。この際、記者と親しくなって理解者を増やすことも重要です。
　①担当記者に会って面談するのが原則。頭越しにデスクや部長、編集局長に交渉しない
　②企業側に誤報道を招く原因がなかったか十分調査する（資料提供や取材対応の問題）
　③社内での情報漏れの箇所を調査する
　④企業内部や周辺に誤報の発生源がある場合は、除去対策を講じる
　⑤報道の審査部門に「○○の記事は間違いであり、事実は△△です」という訂正情報を送る（申し入れ書などで）
　⑥メディア対応においてはノーコメントや取材拒否をしない
　⑦いきなり法的措置や内容証明を送るようなやり方は、自ら問題を大きくし、感情的対立を深める。安易な訴訟は慎む

POINT
第3章のまとめ

　何か事件や事故などの危機が発生したとき、まず矢面に立たされるのが広報部門です。この時の広報部門の対応の仕方は大げさに言えば企業の存亡やイメージに大きく関わります。
　「危機管理」が言われて久しいのですが、具体的な緊急時対応というとまだまだ整備されていないのが現実です。
　緊急時に広報がどのように対応したらいいか、日頃から準備しておかなくてはなりません。

広報
第4章
SKILL UP
スキルアップ・バージョンI
version I
~印刷・編集・取材の基本~

1．印刷物の発注管理

　広報や宣伝の仕事に携わる人にとって、印刷の知識は不可欠です。
　ここではまず、印刷物ができるまでの工程と外注する際のポイントをまとめておきます。企画から納品までの大まかな流れは右頁の図表の通りですが、印刷物（社内報、PR誌、カタログ、パンフレットなど）を制作する場合の担当者の仕事は、大別すると2つあります。
　①「進行管理」　②「編集制作実務」
　企業の印刷物の場合、DTP（デスクトップパブリッシング）によって企業内部で制作することもありますが、編集制作会社（編集プロダクション）に委託して、質の向上を図ることも少なくありません。原稿執筆から校正までとかレイアウトだけとか作業を指定して依頼したり、企画も含めて編集実務のすべてを委託するケースもあります。いずれのケースでも、印刷物が納品されるまでの「進行管理」は広報・宣伝担当者の仕事です。
　発注担当者が、制作の工程や編集実務をよく理解していないと仕上り具合や予算と納期に大きな影響を生じます。たとえば、初校が出た段階でレイアウトの大幅な変更をすれば、納期に遅れを生じ、追加の出費を強いられます。一つ前の工程に逆戻りするのは不経済であり、工場でモノをつくる場合と同じです。DTPの編集では、校正までPCで行い、データを印刷会社に送るので、すぐに印刷・製本のプロセスとなります。最近では、デジタルデータの送受信で進められるので、手間も省け、時間のロスが少なくなりました。
　こうした予算や納期を予定通り管理するためには、印刷会社や外部スタッフとの意思疎通を図ることが最も大切です。電話だけでなく、eメールやファクスも使って確認を怠らないのも担当者の心がけとして重要です。

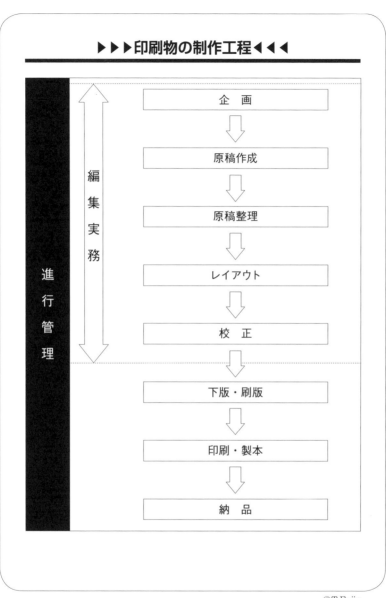

2．印刷・製本の知識

(1) 印刷の種類

代表的なものは、次の3種類です。

①凸版印刷……活版印刷。文字が主体の印刷物（名刺・挨拶状など）に用いられます。

②平版印刷……オフセット印刷。印刷精度が高く、カラーの再現性も良いため、雑誌の本文や図版、ポスターなど現在最も多く用いられています。

　なお、カラー印刷は、赤（マゼンダ）、藍（シアン）、黄（イエロー）、墨（ブラック）の4色の組み合わせによって自然色を再現します。カラー印刷のことを4色刷りなどというのはこのためです。

③凹版印刷……グラビア印刷。写真集、美術書などカラーを主体としたものに用いられます。

(2) 文字の種類と書体

印刷に使われる文字には、大きく分けて活字と写真植字（写植＝しゃしょくと呼ばれる）とがあります。活字の大きさはポイントで表されます。写植の場合は級数で表されます。

　また、文字の種類は明朝体とゴシック体が代表的なものです。雑誌の本文などは主に明朝体が使われています。ゴシック体は、縦横の線が同じ太さで、よく目立つため、見出しやタイトルに使われています。雑誌・カタログ・パンフレットを見るときも、書体や文字の大きさの変化で、どのように魅力的な誌面を演出しているかを研究してみてください。近年はパソコン画面に表示したり、用紙に印刷するための書体データであるフォント（font）が使用されるようになってきました。

▶▶▶プリント(活字)媒体とデジタル(電子)媒体の棲み分け◀◀◀

	プリント・メディア	デジタル・メディア
長所	・一覧性 ・記録性 ・保存性 ・携帯性 ・読者到達性（対象者全員、家族まで所有） ・リテラシー容易 ・好きな場所、好きな時 ・信頼度はデジタルより高い	・速報性（同時伝達） ・同報性（同じ内容） ・検索性 ・データベース性 ・広域性（グローバル性） ・情報拡張性（リンク性） ・加工性 ・双方向性 ・コスト安
短所	・スピードに劣る ・発信情報量に限界 ・保存スペース必要 ・コスト高	・リテラシー（読解・スキル）に問題 ・読者到達に問題（全員不可） ・対象者アクセス意思による ・セキュリティー問題 ・電力異常で使用不可
課題	・速報性への工夫 ・コスト削減 ・編集プロセスの効率化 ・デジタル媒体との連動 ・プリント媒体の強み追求	・アクセス・スキルの簡素化 ・読みやすさ ・セキュリティー ・プリント媒体との連動 ・携帯端末への拡大

出典：藤江俊彦『はじめての広報誌・社内報編集マニュアル 改訂版』同友館

(3) 紙のサイズと種類

　サイズにはA判とB判の2種類があります。この本のサイズはA5判、この2倍がA4判さらにその2倍がA3判という具合に数字が小さくなるほど紙のサイズが大きいことに注目してください。週刊誌などはB5判が主流です。B1判はB5判の16倍の大きさですから、B5判の印刷物はB列の1枚の紙から16枚とれます。

　紙の種類は、表面を科学加工して光沢を持たせたコーテッドペーパーと加工していないアンコーテッドペーパーに大別されます。雑誌やパンフレットなどでは主にザラ、中質、上質紙が使用されます。

　紙の厚さは、重さの単位（kg）で表されます。つまり、1000枚を1つのまとまりとして、その重量で表すわけです。したがって、50kgの紙より70kgの紙のほうが厚いということです。

(4) 製本の種類

　洋製本と和製本がありますが、通常ビジネスで使われるのは洋製本です。大別すると次の2種類になります。

①本製本

　上製とも言われます。中身を糸で綴じ、背を固めて、表紙も厚紙を使います。一般の書籍で用いられているものです。社内報やPR誌で使うことはほとんど考えられませんが、社史や記念誌などは、保存性や見た目の良さから上製にする場合もあります。

②仮製本

　並製とも言われます。針金で綴じるものが多く、表紙で中身をくるむような形になります。針金で綴じる場合は、「中とじ」と「平とじ」があります。週刊誌などでは「中とじ」が用いられています。また、接着剤で背の部分を固める「無線とじ」もよく用いられます。

▶▶▶紙のサイズ◀◀◀

● B判

B1 (728×1030)

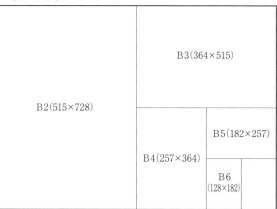

● A判

A1 (594×841)

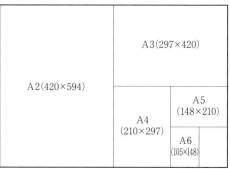

3．取材とインタビューの実際

(1) 取材の依頼

　ここでは、社内報の編集を念頭に取材のポイントをまとめます。

　社内報の場合、もし社内の人物に取材するなら人選に注意しなければなりません。なぜその人が誌面に登場するのか、妥当性をもたせるよう慎重を期さなければなりません。座談会の人選においても同様です。

　社員数が多く、事業所がいくつかに分かれているところでは編集者がテーマに合った人選をするのは困難ですから、通信員や編集委員を活用して、企画テーマにふさわしい人物を選んでもらいます。依頼は職制を通したほうが適当な場合もあるでしょう。

　社外の人物に取材するときは、特に礼をわきまえた対応が必要です。著名人や有識者にはそれなりのルートと礼儀をわきまえて依頼すれば、コネクションがなくても応じてくれるのが普通です。ルートというのは、タレントの場合なら所属プロダクションや事務所、大企業のトップなら広報室や秘書室を指します。評論家や大学の先生などは直接のアプローチでも構いません。

　いきなり電話で依頼するよりも、あらかじめ資料と社内報、依頼の手紙を送っておいて、あらためて電話するのが一般的です。いきなりのeメールは相手が驚きます。承諾を得たら、お礼の手紙とともに正式に依頼状を発送します。その際、質問したい項目の要旨を連絡しておくと、相手側もそれなりの準備ができるので取材がスムーズに進行します。写真が必要な場合、相手側に用意してもらうのか、当日撮影するのかの確認も必要です。

　万一取材を断られても、後日への可能性を残すことと、会社への良い印象を持ってもらうように心がけなくてはなりません。

▶▶▶インタビュー取材依頼の確認文書◀◀◀

```
                                    平成　年　月　日
        　　　　　様
                                    ○○○○株式会社
                                    ○○部○○課
                                    社内報編集室
                                    ○○○○

前略　　　この度下記の要領で弊社社内報「　　　」誌の取材を
お願いしたく存じます。当日は写真も撮影させていただきたく存じます
ので、よろしくご高配のほどお願い申しあげます。
                                              草々
                    記
〈おたずねしたいこと〉      〈場所〉
1.                         〈日時〉
2.                         〈取材時間〉約　　　分
3.                         〈インタビュアー〉
4.                         〈掲載予定〉年　　月号
5.                              (　月　日発売予定)
```

```
                                    平成　年　月　日
        　　　　　様
                                    ○○○○株式会社
                                    ○○部○○課
                                    社内報編集室
                                    ○○○○

拝啓　　　の候ますますご清栄のこととお喜び申し上げます。
平素よりご支援をいただき、ありがとうございます。
　さて、この度は弊社社内報「△△△」誌取材についてお願いいたしま
したところ、早速ご快諾をいただき、誠にありがとうございました。
　つきましては、別添の内容で取材をお願いいたします。
　ご多忙中のところ恐縮ですが、よろしくご高配くださいますようお願
い申しあげます。
                                              敬具
```

©T.Fujie

⑵ インタビューの心得とコツ
①相手に関する情報の収集
　事前準備としてぜひやっておきたいのが、インタビュー相手に関する情報収集です。主な経歴や基本的なものの考え方、場合によっては趣味に至るまで、できる限り調べておかなければなりません。特に相手が著名人である場合、すでにマスコミで何度も報じられていることを改めて聞くのは失礼です。代表的著作に目を通しておくのも常識です。
②質問項目のリストアップ
　主な質問項目はあらかじめリストアップしておきます。当日はメモを確認しながらで構いません。しかしながら、ただ順番に聞いていくだけなら、質問用紙でも事足りるわけで、わざわざインタビューする意味がありません。相手の答えを受けて、「そこのところをもう少し詳しく説明していただけますか」「どういうことですか」というような形で、突っ込んだ双方向型、対話型の取材をします。
③当日は聞き役に徹する
　インタビューは相手に喋ってもらうのが目的です。適度に相槌をうったり、感嘆したりしながら相手が話しやすい雰囲気をつくっていきます。自分のほうが喋り過ぎたり、自分の主張を押し付けたりしないように注意しなければなりません。
④メモは必ず取る
　メモは必ず取ります。メモは話のポイントやキーワードを自分なりに心の中で整理して行きます。レコーダーを使用するときは後で記事を書く場合の確認用と考えてください。また、「念のために録音させていただいていいですか」というような形で、相手の承諾を得てから録音するようにします。

▶▶▶主な取材方法の特徴◀◀◀

取材方法	メリット	デメリット
インタビュー	相手が得やすい 相手に意図が伝わりやすい 素材が整理しやすい 編集への理解をたかめる	時間的な制約が大きい 場所的な制約がある 相手の地位、感情などに左右される 取材担当者のスキルと熱意
座談会	一度に数人の人から聞ける 気楽に協力してもらえる 素材の取捨ができる 座談会自体の（意見交換の）効果が大きい	つっ込んだ素材がとりにくい 司会や参加者に左右される 場所的、時間的に制約がある まとめるのに時間がかかる
執筆依頼	時間的な制約が少ない 場所的な制約が少ない つっ込んだ内容が期待できる 担当者の手間が少ない	執筆者の文章力に影響される 必ず書いてくれるとは限らない 手直し、原稿整理が大変 こちらの意図が伝えにくい
アンケート	いちどに多くの人に書いてもらえる 時間的に制約が少ない 場所的な制約が少ない	質問項目の作成がむずかしい つっ込んだ素材を集めるのに適しない 回収がむずかしくロスが出る
写真撮影	ありのままを伝えることができる 自由に選択できる あとの処理が簡単である	修正しにくい 時間的、場所的な制約が大きい だれでも取材できるわけではない

©T.Fujie

(3) 原稿執筆の依頼

　ひとくちに原稿と言いますが、編集作業の場合は、いわゆる文字で書かれた原稿のほか、写真、イラスト、図版、表なども含めて原稿と言います。それらがすべて揃った状態を完全原稿と言いますが、印刷所に渡す場合はできるだけ完全原稿で渡したいものです。

　編集で最も手間のかかるのが、おそらく原稿を依頼し、集めるという作業でしょう。依頼するときは、

　①テーマ・内容
　②原稿の字数
　③締め切り
　④eメール
　⑤謝礼

以上の5点を明確にします。

　相手が社内の人であっても、これらを文書にして依頼することが原稿を確実に集めるコツです。

　著名人や社外の人にお願いするときは、依頼状とともに自社の社内報広報誌をあらかじめ送っておき、さらに電話で依頼するというアプローチの仕方が良いでしょう。また、謝礼については、日本的な思いやりと察しの世界で曖昧になりがちですが、率直に「これぐらいしか出せませんが」とか「これでよろしいでしょうか」と尋ねて、依頼状にも確認の意味で記入しておきます。

　締め切り日が近づいたら、確認のeメールか電話を入れますが、特に忙しい人やふだん原稿を書き慣れていない人の場合は、少し早めにそれとなくプッシュしておく必要があります。ただし、あまりしつこい催促は嫌われますし、次回に執筆してもらえなくなることもあるので、注意しなければなりません。

▶▶▶原稿依頼状（社内用）◀◀◀

平成　年　月　日

□□□□様

〇〇〇〇株式会社
〇〇部〇〇課
広報誌「P'SHIP」編集室
TEL.
FAX.
eメールアドレス

原稿執筆のお願い

前略
　いつも社内報「P'SHIP」のご愛読ありがとうございます。
　この度当誌では下記のような企画を立てましたので、原稿のご執筆をお願いいたします。詳細の問い合わせ、ご都合など編集室へご一報下さい。
　なお、ご協力の節は薄謝を進呈します。

草々

記

◆企画のねらいとテーマ　　〇〇〇〇〇〇〇〇
◆原稿の字数　　2,400字　400字詰6枚（横書き）
　　　　　　　　パソコン・ワープロ A4判〇〇字詰×〇〇行　横打ち
◆原稿締切　　平成〇年〇月〇日まで（締切は厳守してください）
◆写真等の有無
◆掲載予定号　　第〇号（〇月〇日発行）
　また、都合でご執筆いただけないときは、早目に編集室までご連絡ください。

➡書いていただく上でのお願い

- 原稿締切日を厳守してください。
- 既に割付ができていますので、字数や枚数を守ってください。
- 「。」「、」「＜」などはすべて全角を使います。（ただし、行の最後に来た時は欄外に）
- 原稿には、必ず所属部課と氏名を正確に記入してください。
- 見出しは読者誘導のため、編集部で直すことがあります。
- 都合で締切日までに提出できない場合は、できるだけ早めにご連絡ください。
- 表記は基本的に共同通信社『記者ハンドブック』に準拠し、整理させていただきます。
- 原稿はメール添付で右上記載のメールアドレスへお送りください。

©T.Fujie

4．記事の書き方

記事作成のポイントは、いわゆる5W1Hです。
① WHO　　　　誰が
② WHEN　　　いつ
③ WHERE　　どこで
④ WHY　　　　なぜ
⑤ WHAT　　　なにを
⑥ HOW　　　　どうした

　作文や論文ではありませんから、自分の主観や意見を交えず、あくまでも客観的な事実を正確に伝えます。その際の原則が、以上の5W1Hです。基本的には重要事項をまず先に書いて、これに続いて、その詳細をさらに紹介し、関係者の話などをまとめていきます。

　表現はできるだけわかりやすくということを心がけ、難解な表現は避けます。名文を書こうとして、あまり肩に力が入りすぎると読みづらい文章になります。一般的に一つのセンテンスはできるだけ短くし、それをつないでいく形のほうが読みやすい記事になります。

　用字・用語は、できるだけ常用漢字・新かなづかいを用います。送り仮名については、これが絶対と言い切れない面があります。たとえば「売上げ」「売り上げ」「売上」のような例です。同じ社内報の中でばらばらというのは見苦しいので、どれかに統一します。共同通信社の『記者ハンドブック』などが市販されているので、これを基準に用字・用語の統一を図る必要があるでしょう。

　なお、特に注意を要するのが差別用語です。執筆者に差別意識がなくても使う場合があるからです。たとえば、「土方」は「建設作業員」、「めくら」は「目の不自由な人」にします。重複語も注意です。たとえば、「従来から」は「従来」、「およそ数百円」は「数百円」です。

▶▶▶記事表記の見本◀◀◀

漢字の使い方	●常用漢字を使用する 固有名詞の場合はそのまま使う。読みにくい人名・地名などには（　　）にカナで読み方を示す。
平仮名の使い方	●助動詞・助詞・感動詞・連体詞・副詞などは、原則として平仮名を用いる （例）　ある　この　その　わが　ようだ　など 　　　　ほど　ぐらい　とき　こと
句点の使い方	●文の終わりにつける ●段落全体が括弧で終始するときはいらない （例）「―――――」 ●段落途中に句点があり、最終の文が括弧で終始する （例）―。「―」 ●段落の最後に「？」「！」がある時は句点をつけない
読点の使い方	●文脈を明らかにし、ニュアンスを出す必要のあるところに使う ●語句を並べるとき （例）打つ、守る、走るの三拍子。 ●誤読を避けたいとき （例）初歩的な、広報のガイドブック （例）昨日、私はパリから来た男に合った。 （例）本人もびっくりの、まぐれ当たり
中点（中黒）の使い方	●同格の単語を並べるとき （例）テレビ・ラジオ ●外国人の人名を表記するとき （例）アウン・サン・スー・チー女史 ●判読しやすくするとき （例）中村勘助教授→中村勘助・教授
カッコの使い方	●重ねて使うとき 「　」→『　』→〝　〞 〔　〕→（　）→〈　〉 の順が一般的 （例）「たしか『〝最新〟記事のかきかた』という本に出ていたはずだ」

©T.Fujie

5．見出しの付け方

　どんなに苦労して書いた記事も、最終的に読者に読まれるか読まれないかは「見出し」の善し悪しにかかっています。ここで読者の関心を引くことができなければ、それまでの苦労は水の泡です。見出しに誘われてスポーツ紙を買ってしまったり、タイトルにそそられて週刊誌を購入してしまったという経験は誰にでもあるはずです。

　見出しは大きく分けると、タイトルとなる大きな見出しと、本文の各部分の中身を表す小見出しがあります。大きな見出し（大見出し、主見出し）を補足する形で脇見出しを付けることもあります。

年末"ハッピーホリデーセール"突入 ………………… 大見出し
　今年はＳ型○○○を主力に ……………………………… 脇見出し

というような形です。ここだけ読んでもだいたいの内容がわかるというのがポイントです。字数は10字前後、とにかく簡潔を心がけることです。そのために助詞は省く、固有名詞は略記するなどの方法をとります。上の例でいうと「突入」と競争開始を強調しています。また、「Ｓ型○○○」の商品を「主力に」と助詞をあえて入れているのは、あまりにも硬い紙面になってしまうのを避けるためです。

　本文が長い場合、大見出しと本文の間にリード文を入れます。この形の典型は雑誌に見られます。活字の大きさや書体が本文とは違っているのが普通です。リード文はポイントになる言葉を拾って、「誰が」「何を」「どうした」ということを短い文章でまとめていきます。本文を読みやすくするためには、小見出しを入れます。A4・B5判の誌面なら1ページに2、3本が目安になります。これによって紙面（誌面）効果も一段と高まります。

▶▶▶見出しの基本パターン◀◀◀

1本見出し

原稿書くのは三回目
　運がいいのか
　悪いのか

北島優勝、山田2位
　実業団スキー大会

2本見出し

変わる顧客の安さ志向
納得いく商品説明が売上のカギ

株主様との対話型に転換
第26期定時株主総会開催

ヤングパワーモリモリの陣容
　出雲工場パネル設計チーム

京都支店スパイス研修会
　得意先の変化をつかむ
　ライバル社とのシェア逆転に成功

3本見出し

グループ社員に朗報
T社特別販売会初開催
ポイント制カードで二重のお得

©T.Fujie

6．カメラの使い方と撮影の実際

　カメラはできるだけ一眼レフを用います。同じ画素数のデジタルカメラの場合、一眼レフのほうがコンパクトカメラよりも滑らかでより自然に近い画像が撮れます。これは、イメージセンサーという、デジタル写真の画質に関わるパーツのサイズが異なるためです。印刷物やウェブなどの掲載媒体、掲載画像のサイズなどによって適切な画素数や解像度は異なりますが、印刷物に適した条件で撮影すると、比較的広い用途に画像データを利用できます。

　建物を撮る場合は標準レンズのほかに広角レンズを用います。カメラのアングルは、ただ正面から撮るだけでなく、斜めから、横から、高い位置から（ハイ・アングル）、低い位置から（ロー・アングル）など変化を持たせます。

　ストロボを使用する場合は、内蔵ストロボでは光量が足りず暗い写真になることがあるので、室内・室外を問わずできるだけ外づけのストロボを使います。

　行事で撮影した写真は通常、個人情報保護法の「個人データ」には該当せず、同意がなくても写真の展示、ホームページや広報誌などへの掲載が可能です。ただ、個人を識別できる写真は「個人情報」に該当するので、コンプライアンスに従った対応が必要です。一番よいのは、その場で写真の利用目的や掲載媒体を説明し、お願いをして撮影や掲載の同意を得ることです。

　ポスターやパンフレット、企業トップの写真、あるいは、フィルム写真が適した印刷物を制作する場合は、プロのカメラマンに撮影を依頼するとよいでしょう。

▶▶▶カメラのアングル◀◀◀

比較的近い距離から撮った写真

離れたビルの屋上から撮った写真

上の写真をトリミングして高層ビル群を拡大した写真

7．レイアウトの仕方

　一般の商業誌では、企画段階からデザイナーやアート・ディレクターが誌面づくりに関わります。また、社内報でもこの部分は外部のデザイナーに任せる場合が少なくありません。しかし、その場合でも、担当者自身がデザインに知識と関心を持っていないと、編集コンセプトと合致しない面が出てきてしまいます。

　大切なことは、担当者が常日頃からデザイン・センスを磨くということで、これはと思ったデザインはサンプルとしてストックしておき、必要に応じて参考にするといいでしょう。デザイナーに依頼するときも、こんなイメージでという形で、言葉では伝えにくい部分を明確にすることができます。大まかなレイアウト作業の流れは、

　①企画段階で、内容にあった表現イメージをつくる
　②ラフ・レイアウトで全体の誌面構成をつくる
　③記事作成段階で、写真や記事内容に沿って修正を加える
　④レイアウト用紙に指定する
　⑤文字原稿に指定する

　というような形になります。

　ここで「指定」という作業が登場しますが、これはいわば設計図のようなものです。ラフ・レイアウトをもとに、文字や写真・イラストなどの位置をレイアウト用紙に記入し、文字の種類や大きさ、一行の字詰め、行数、字間、行間などもレイアウト用紙と文字原稿の両方に記入します。これらの作業をした上で、印刷所に原稿を入れることになります。最初のうちは、自分の指定と実際の仕上がりとのギャップがあるかもしれませんが、慣れるに従って、イメージと一致するようになってくるはずです。

▶▶▶レイアウトに加えるもの◀◀◀

新聞型について
新聞紙面での配列やら構成などのレイアウトを大組みといい、さらに見出し、写真、ケイ、カットなど組み合わせて調和したバランスをつくっていく。

● 大組レイアウトでの注意する点
① 対面の紙面と同じパターンのレイアウトにしない
　（タテ組紙面の時は非対称がよく、ヨコ組みなら対称でもよい）
② 見出しの下に、他の記事の見出しがこないように
③ 同じ段のところに他の記事などの見出しがこないように
④ 写真が紙面のある箇所に集中しないように
⑤ 写真の真横に見出しをつけたりしない

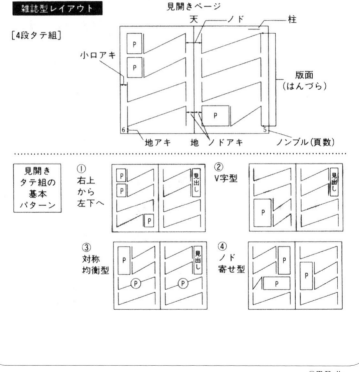

POINT
第4章のまとめ

　広報担当者は、社内外への情報発信のために、いろいろな印刷物を作成する機会が多くなります。したがって、印刷等の作業は外部に委託するとしても、編集・印刷・製本の知識は最低限知っている必要があります。

　また、広報誌など自ら取材したり、撮影したり、記事を書いたりという、いわゆる編集者の仕事も担当することがあるので、これらについての基本を理解しておかなければなりません。

広報

········ 第5章 ········

SKILL UP
スキルアップ・バージョンⅡ

version Ⅱ

〜ビジュアルツールの作り方とスペース広報〜

1．社内報・グループ報のつくり方

(1) 社内報・グループ報の目的と役割

　今日ほど社内・グループ内コミュニケーション（インハウス・コミュニケーション）の重要性が叫ばれている時代はありません。従来、日本では社員は正社員比率が高く、定年まで企業に帰属するのが当然と考えられてきました。しかし、雇用状況が変わり、非正規社員の比率が高まり、人々は個人としての価値観に重きを置くようになりました。そこで、意識の変わった社員を念頭に置いた社内・グループ内コミュニケーションが必要になります。

　雇用の形態を見ても、パート・アルバイト・契約社員が増え、性別、年齢、人種なども多様化しています。その面からも新しい社内・グループ会社間のコミュニケーションが求められるのです。

　こうしたなかで、活字による社内報・グループ報は今後もつながりのコミュニケーション・ツールとしてネットメディアと棲み分けながら相応の役割を果たすと思われます。今日的課題を踏まえた社内報・グループ報の役割を整理すると、次のようになります。

　①経営情報の共有化……経営に関わる情報は全社員が共有する
　②個人と組織の関係づくり……社員と企業との良い関係をつくる
　③経営理念の浸透……基本的価値観としての理念を社員のコンセンサスとして浸透させ、維持する
　④意識や価値観の変革……社員が経営課題を理解し、環境の変化に対応する意識の変革を図れるようにする
　⑤職場の相互理解……多様化する社員が各職場の実務を知り、立場を理解して親近感やグループの一体感を持てるようにする
　⑥職場風土づくり……社員が十分自己実現できるような企業文化、グループ文化や社風の確立を目指す
　⑦社史・グループ誌編纂の資料……歴史的記録や資料となる

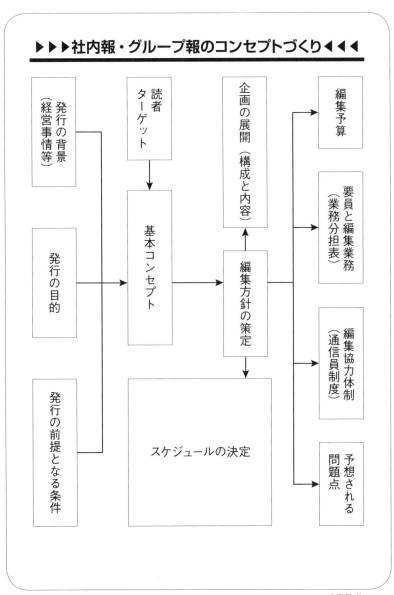

(2) 社内報・グループ報の編集体制

　欧米では広報、宣伝、社内報などに携わる人をPRコミュニケーターと総称しています。その仕事の半分は社内向けのコミュニケーションだと言われています。社内報の担当者は、単なる編集者ではなく、PRコミュニケーターという立場から、企業の経営に関わるという意識を持ちたいものですし、社内的にもグループ内でも、そのような位置づけにすることが望まれます。レイアウト、写真撮影など、技術的な部分は外部に発注するぐらいの体制ができれば理想的です。

　しっかりとした社内報・グループ報をつくるためには、編集とそれを支える協力体制が必要です。編集体制としては、専任者を置く、兼任者を置く、各部門から委員を選び編集委員会などを組織する、などが考えられます。ほかに、社内報担当者を決め、企画は社内で立て、制作はすべて外注する方法もあります。

　編集組織だけでは情報収集に限界がありますから、あらゆる面で編集部に協力してくれる仕組みやシンパをつくることが有効です。
　①通信員制度　②連絡員（モニター）制度
のようなものが考えられます。各支店・営業所に配置し、編集スタッフとして協力してもらいます。社内報の発行はあくまで仕事の一環ですから、個人的にお願いするという形にせず、「通信員委嘱状」（名称・様式は自由）のような文書でオフィシャルな依頼形式がいいでしょう。社内、グループ企業間で認知された存在にならないと取材や原稿依頼、編集会議への出席などで活動しにくい面が出てくるからです。

　読まれる社内報・グループ報をつくるためには、企画以前の問題としてこのようなインナーでの立場をつくり、体制づくりが重要であることを認識すべきです。

▶▶▶年間企画のヒント◀◀◀

月	主な企画（例）
1月	年頭挨拶、仕事始め、新年度の方針、年間行事予定の発表、新年会、年賀状、成人式
2月	昇格試験、担当研修、定期人事異動、防災避難・訓練、風邪による欠勤、バレンタインデー、節分、春の全国火災予防
3月	新入社員教育開始、創立記念日、永年勤続表彰、春季健康診断、春の防犯・交通安全運動、棚卸し、決算
4月	新入社員入社式、新人研修、新年度方針、花祭り、世界保健デー、ゴールデンウイーク始まる、お花見
5月	ゴールデンウィーク、メーデー、こどもの日、母の日、春闘の結果
6月	賞与支給、職場美化運動、梅雨、父の日、中元（暑中見舞い）の準備
7月	中元（暑中見舞い）、夏期休暇、「海の家」「山の家」、夏期アルバイト、夏祭り、全国安全週間、七夕、土用の丑の日
8月	夏期休暇、帰省ラッシュ、夏の防犯対策、終戦記念日、バカンス
9月	残暑、秋の中途採用、読書の秋、防災の日の避難訓練、決算・棚卸し、芸術の秋
10月	社内・グループ内運動会、秋のレクリエーション、食欲の秋、紅葉、体育の日、赤い羽根共同募金、全国労働衛生週間
11月	秋の社員研修、朝夕の冷え込み、文化の日、勤労感謝の日、秋の全国火災予防運動
12月	年初の業務計画、新年のプランニング、年末賞与、年賀状、歳暮、忘年会、社内大掃除、仕事納め、帰省、クリスマス

©T.Fujie

Public Relations SKILL UP version Ⅱ

(3) 社内報・グループ報の企画

　社内報のスタイルとしては、新聞型（フリーペーパー型含む）と雑誌型に大別されます。発行サイクルは、月刊・隔月刊・季刊などが考えられます。いずれにしても、まず、1年間の大きな流れ（基本テーマ・方針と年間スケジュール）を予算とともに決めていきます。そのつど、企画を練るのは大変な作業になりますから、各号のメインになる特集企画や核となる記事はあらかじめ計画しておいたほうがいいでしょう。もちろん、社員や会社の商品が権威ある賞をもらったとか、経営や事業に関わる大きな変更があった場合などは随時差し替えていきます。

　企画というと、目新しさや面白さだと考えている人がいますが、これは勘違いです。たしかにこれらが大事な要素であることは事実です。しかし、書いた本人は面白くても、読む人に不快感を与えたり、編集者のひとりよがりと勘違いされることもありうるのです。企画を考えるときの原則は、以下のようになります。

　①社内報・グループ報のコンセプトや編集方針に沿っているか
　②今の経済状況・経営環境のなかで適切なテーマか
　③社員の一市民、一個人としての立場も尊重しているか
　④社員の人格や人権を尊重したものになっているか
　⑤季節やタイミングが合っているか
　⑥マンネリ化したものになっていないか
　⑦定番のテーマの中にも切り口の斬新さがあるか
　⑧他社の社内報やマスメディアの模倣になっていないか
　⑨経営に対して過度に挑戦的または媚びた内容になっていないか
　⑩単なるお知らせではなく、価値ある情報に加工できているか
　こうした企画段階でのチェックが、取材方法や原稿の書き方にも影響します。

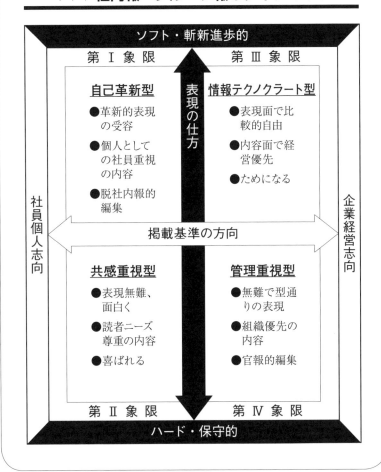

社内報についての勉強や交流のネットワークは以下で実施している。
東京社内報研究会事務局(内田洋行 広報室)
TEL 03(3555)4072 FAX 03(3555)4620

2．ビデオ・DVD のつくり方

　広報メディアとして既に幅広く利用されているものにビデオ・DVD・CD があります。映像媒体の利点は、何といっても直接視覚（目）と聴覚（耳）に訴えるという点にあります。活字によるメディアが受け手の想像力、理解力に頼る部分が多いのに対し、映像メディアは誰にでも理解しやすく、臨場感に富み、インパクトも強力です。

　こうした点から、企業が求人用に会社案内 DVD をつくり、大学が学生募集用に学校案内 DVD をつくるという形で一般化しています。社内広報のメディアとして使われていますが、設備や視聴時間・場所などが制約され、今では PC の動画放送に押されがちです。

　ビデオ・DVD の制作は、通常、専門のプロダクションに委託することが多いので、その際のポイントをまとめておきます。

①制作目的を明確にする
②テーマを具体化する
③取材現場での「絵になるシーン」を伝える
④外注スタッフとの意思の疎通を図る……シナリオ、イメージ、強調したい場面などを綿密に打ち合わせする
⑤あらかじめロケハンをする……ロケハンは、ロケーション・ハンティングのことで、要するに撮影現場の下見
⑥ロケの際は広報担当者が同行する……外部との折衝、撮影の許可取りなどで責任者が必要なため
⑦各段階ごとにチェックを入れる……映像を編集する段階、音楽やナレーションを入れる段階など、シナリオ通りかどうか確認する
⑧勝手にダビングしない……写真はカメラマンやプロダクションの著作権利下にあり、当初の制作目的以外に使用できない

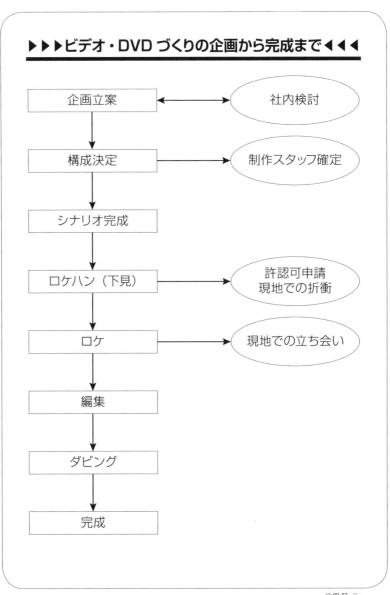

3．ネットメディアと社内・グループ内広報

　ネットメディアによる社内コミュニケーションが脚光を浴びています。eメール、電子掲示板による情報伝達、フォーラムと呼ばれる電子会議など、さまざまな機能が、従来の社内報に代表される活字の印刷物が実現できなかった新たなコミュニケーションを可能にしています。従来のコミュニケーション手段に加えてこうした新しいコミュニケーションが普及し、メディアやツールが多様化してきました。

　イントラネットやブログ、ソーシャルメディアなどを社内やグループのコミュニケーション手段として導入することにより、

　①参加型のコミュニケーションが実現できる
　②ネットワーク型のコミュニケーションができる
　③時間と空間を超えたコミュニケーションが実現できる
　④リアルタイムの情報伝達ができる
　⑤経費を節減できる

などのメリットが生じます。ただし、コストや他の問題点も出てきますが、これらのメリットを踏まえて、課題の解決をしながら積極的な導入を進めることが必要です。広報はこうしたインタラクティブなネットワーク・コンピューティングを積極的に活用し、新しい業務手法を組み立てていくことが求められています。

　右頁は、イントラネットによる社内広報の例です。ポータルサイトにはTwitterやFacebookをふくめ、たくさんのコンテンツが並び、多様化の進展がうかがえます（p.82参照）。

▶▶▶社内向けポータルサイトの事例◀◀◀

出典：(株) 千趣会

4．インターネットによる広報(1)

　インターネットを活用した広報活動で、まず最初に取り組むのは会社のホームページの開設や更新です。活用目的の大半は会社案内です。不特定多数の人々が企業情報を調べる際には、まずインターネットで検索するのが一般的となっています。会社のホームページが企業との初めての接点になるケースも多いでしょう。会社のホームページは、いわば会社の顔といっても過言ではありません。

　原則、インターネット上では文字数制限、掲載数制限がないため、多くの情報をコンテンツとして伝えることができます。インターネットの特性である即時性により、常に新しい情報に差し替えることが可能なので、変化の激しい現代社会において、緊急性を要する情報発信のツールとしても大変便利に使われるようになりました。また紙と違って、動画や音声を発信できるのも強みです。これからは、どんな目的で、どんな情報を、誰に（どのステークホルダーに）、いかにわかりやすく発信するかが大事になってきます。

　ホームページが広報メディアとして優れているのは、双方向性という点にあります。これを見た人が感想なり意見なり、問い合わせをその場ですぐにメールとして発信できる仕組み、つまり、情報受信機能を持たせることができるのです。見たい人が自由に見るのですから、訪問者への対応や郵送の手間も省けます。

　インターネットの世界では、日々新たなテクノロジーが誕生し普及を遂げています。その代表格がTwitterやFacebookといったSNS（ソーシャルネットワークシステム）です。近年、個人間コミュニケーションツールとして発達したSNSを導入する企業が増えており、マルチメディアの機能を十分に生かした新しい広報のスタイルが生まれています。

▶▶▶ウェブサイト（ホームページ）の事例◀◀◀

出典：（株）コーセー

5．インターネットによる広報(2)

　これまで紙が主流だった社内報も、社員が一人一台パソコンを持つ時代になり、急速に企業内のインターネット化が進んできました。イントラネット（企業内ネットワーク）を活用した社内報では、紙と比較すると制作コストも抑えられ、制作期間が大幅に短縮します。パッケージソフトを使えば作成が容易であり、加筆修正やリアルタイムな更新も可能になります。

　イントラネットを活用した社内報では、トップページ画面に多数のコンテンツが並びます。どんな情報が書かれているのかは、社員が各々のコンテンツにクリックしない限りは読まれることはありません。そのため、社員が「読みたい」と思うタイトルやコピー、画像を使うなどの工夫が必要になります。社員に必ず「読ませたい」ものは、トップページ画面のファーストビューに配置するなどの配慮も重要です。また、インターネットの世界では新しい情報や必要とする情報が更新されないと、閲覧者は飽きてしまいますし、繰り返し見なくなってしまいます。イントラネットの社内報でも、社員に常に興味を持ち続けさせるためには、コンテンツ毎の更新タイミングをずらすなど、いつ見ても何か新しい情報が提供されている場にしていくことが活性化のポイントと言えます。

　さらに、新しいメディアとして注目されるのが動画社内報です。社内ニュースのような形式で会社のトピックスや今後の予定を動画にしてイントラネット上で配信します。会社の規模拡大や多拠点化で社員同士が顔を合わせる機会が少ないなど問題解決策として動画は効果的です。動画では社員を多く出演させることで普段業務上では接点のない者同士でもその声や表情を伝えられるので、おのずと親近感や興味が湧いてきます。また、最近は活字離れの若者が多いため、動画社内報を取り入れる企業が増える傾向にあります。

▶▶▶動画社内報の事例◀◀◀

出典：(株) 千趣会

Public Relations SKILL UP version Ⅱ

6．イベントの企画と実施

　イベントは一般市民の興味と関心を集めるための行事です。広告イベントが販売促進を目的とするのに対して、広報イベントは企業イメージを向上させるのが目的です（ただし、企業のイメージアップは結果として販売促進にもつながります）。大別すると講演会、シンポジウム、コンサートなどの文化型イベントと各種競技会などのスポーツ型イベントになります。最近の傾向として注目されるのは、CSRの立場から地域住民に参加してもらう社会活動型のイベントが増加していることです。

　イベントは、参加した人々に好感を持ってもらい、企業のよき理解者となってもらうことを狙いにしていますが、話題性のあるイベントであれば、それがマスコミに取り上げられ、ネットでも話題になり、さらに波及的な効果をもたらす場合もあります。

　イベントを成功に導くためのチェックポイントをまとめると、次のようになります。

①目的……どんな目的でやるのか、実施する必要性があるのか
②テーマ……社会性があるか、企業の理念や戦略に沿っているか
③内容……目的とテーマに即しているか、実行可能か
④対象……誰がターゲットか
⑤日時……同時期に同テーマのイベントが他で予定されていないか、組織の業務日程に不都合はないか
⑥会場……参加者の数、イベントの性格、予算を考慮しているか、交通の便はどうか、施設・備品は整っているか
⑦予算……自社だけで実施するのか、予算が足りない場合は共催・後援を依頼するのか

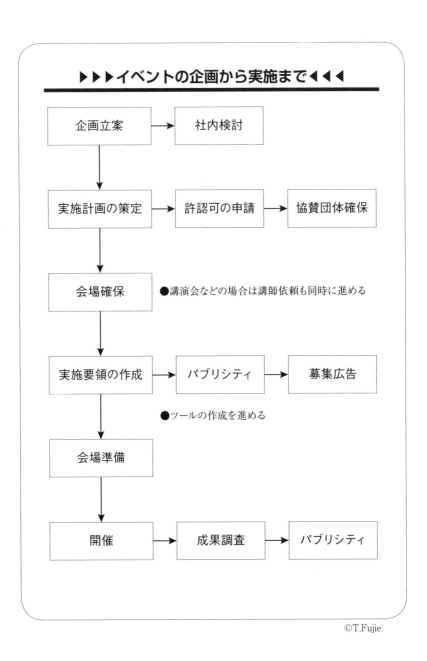

7．イベントの法律・法務

　イベントを実施する場合必ず問題になるのが、法務・法律関係です。大勢の人が集まれば、思いも寄らない事故が発生する可能性がありますから、法律や条例で細かな規制が設けられています。

　たとえば、一般道路を使用してパレードを実施するときは、所轄の警察署の許可が必要です。交通渋滞を引き起こす可能性もありますし、交通事故を誘発するかもしれません。したがって、場合によっては交通整理の警察官を出動させたり、一時的に交通をストップさせるなどの措置が必要になるからです。また、飲食物を提供するときは、保健所の許可が必要です。集団食中毒の予防のためであることは言うまでもありません。なま物を扱う場合、その場で調理する場合は特に注意が必要です。

　要するにイベントに関係ない第三者に迷惑をかけないこと、イベント参加者の安全を確保することがポイントです。参加者が満足しても近隣の住民に迷惑をかけたのでは企業イメージをアップするという所期の目的は達せられません。事故、特に人命にかかわる事故が発生したのでは、好感どころか人々の反感を買う結果になってしまいます。イベント会場がそのまま緊急時広報の場と化すような事態は断じて避けなければなりません。安全に対するリスク管理は、過ぎるということはありません。イベントというと、どうしても企画内容に心を奪われがちですが、優れたイベントプランナーは、リスク管理にも万全を期するものです。

　大規模なイベントをはじめて実施するような場合は、こうした点に通じているイベントプランニングの専門会社に依頼するのも一つの手です。

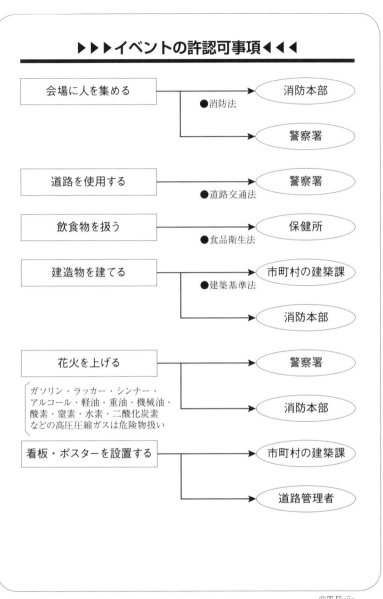

8．オープンハウス（施設見学会）

　施設見学会、工場見学会のことをオープンハウス（Open House）と言います。自社の内部施設、体制をオープンにして見せる、公開するという意味です。パブリシティの一環としてプレス向けに行うこともありますが、オープンハウスの意義は、地域性という点で最も消費者に近い広報イベントという点にあり、その重要性は今後ますます増してくると思われます。

　オープンハウスの実施にあたって、広報担当者が留意しなければならないのが社会的な観点（視点）ということです。このことは本書の中でも何度か触れてきました。この観点を欠いて、わが社中心の考えで実施すると、企業のイメージアップに貢献するはずのイベントが、逆にマイナスイメージを植え付ける結果になりかねません。たとえば、新しい工場が完成したのを機に工場見学会を実施する場合で考えてみましょう。企業側に、ハイテクを駆使した最新の設備を誇りたいというような気持ちがあるのは当然です。しかし今日、消費者の最大の関心は、環境とか安全に対する配慮という点に集まっています。したがって、万一に備えて危険察知の計器類が完備しているとか、自動監視カメラが24時間作動している、というような安全に対する細かな配慮や環境保全に対する積極的な姿勢こそが強調されなければなりません。

　最近のテレビCMを見てすでにお気づきだと思いますが、自動車の広告もスタイルや運転性能よりもエアバックやABS装備など安全性を強調し、実験の映像を取り入れています。無添加の食品、無農薬の野菜、リサイクル可能な容器、再生紙利用の製品などを強調するほうが消費者から高い評価を与えられます。

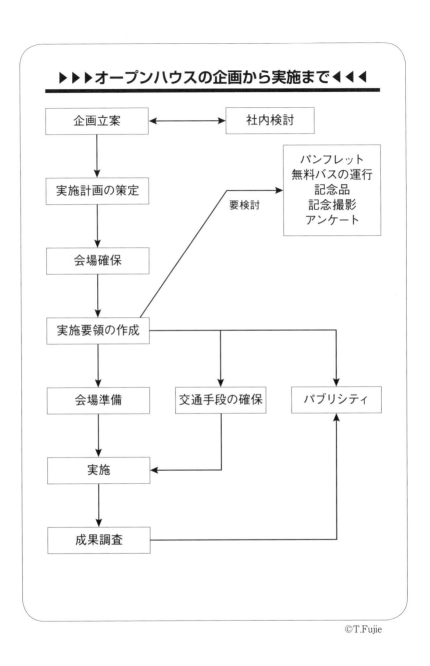

POINT
第5章のまとめ

　広報というと対外的な仕事というイメージがありますが、社内に向けての広報も重要です。そこで、この章の前半では社内報のつくり方を具体的に説明しました。さらに、インターネットやソーシャルメディアなどの新しいメディアについても触れました。

　また、空間をひとつのメディアとしてとらえて、イベントやオープンハウスによるコミュニケーションを取り上げました。

広報
········ 第6章 ··········
STRATEGIC
ストラテジック・バージョン
version
〜変化に対応する戦略広報〜

1. 広報計画と予算

　広報計画は、トップマネジメントの経営戦略に基づいて、広報管理職が策定するものです。長期・中期・短期の計画を持つべきでしょう。長期は5年、中期は3年、短期は1年ぐらいが目安になります。

　長期の目標は、経営戦略上の課題に合った形で広報業務の目標を明確にするもので、きわめて重要です。変化の激しい時代こそ、明確なビジョンと目標を定め、進行チェックと評価、修正を常に行い、方向性を見失わないようにしなければなりません。

　短期の目標は、その年度の計画で、1年間、その期の目標を定め、具体的な施策まで決定していきます。

　計画を立てる際には、十分な調査とデータ収集を行い、方針・目的・目標・対象・テーマ・手法・素材・媒体選択・予算見積もりなどを盛り込んでいきます。

　広報予算は、だいたい年間売上高の約0.3％未満と言われています。企業の規模、実施内容、広報代理店の利用の有無、経営政策などの諸条件によって違いますが、経済団体の調査などによると概ね売上の0.3％がガイドラインになっているようです。

　このように売上高に対して何％というかたちで広報予算を決めていく方法を「売上高比率法」と呼んでいます。最も一般的な方法です。このほかに、競合企業や同業他社の予算を参考にする「競争企業対抗法」、広報目標を達成させるために必要な資金を割り当てる「タスク・フォース方式」などがあります。これは「積み上げ方式」とも呼ばれ、日本の企業ではよく使われている方式です。また、広告でも「タスク・フォース方式」がよく採用されているようです。

▶▶▶広報計画立案の手順◀◀◀

ステップ1	
環境分析	●経済的環境分析 ●社会的環境分析 ●政治的環境分析 ●生態学的環境分析 ●技術的環境分析

ステップ2	
競合分析	●業界の動向 ●競合他社の強みと弱み

ステップ3	
経営資源分析	●自社の分析 （資金力・人材力・営業力・商品力など）

ステップ4	
目標設定	●経営理念・企業ビジョン・経営課題との整合性（経営戦略） （コーポレート・コミュニケーションズ戦略での広報目標）

ステップ5	
重点課題の選択	●当面の課題の検討 ●優先順位（プライオリティ）

©T.Fujie

Public Relations STRATEGIC version

2. IR活動（投資家広報）

　1990年代から重要性を増しているのがIR（Investor Relations＝インベスター・リレーションズ）で、投資家広報、財務広報などと訳されています。一言でいえば企業と投資家・株主との良好な関係づくりを目的とするものです。したがって対象は一般株主、機関投資家、証券アナリストなど資本市場に関わりのある人々です。

　従来の日本企業は個人投資家を重視せず、機関投資家に偏った情報発信をしてきました。株主総会も形式的で、情報開示には消極的でした。しかし最近では、むしろ積極的に情報開示（ディスクロージャー）し、国内外の投資家の理解と好意を獲得し、信頼を構築して、企業価値を向上させることが有利であると考えるようになっています。

　このような変化の背景として、資本・金融市場の自由化・グローバル化や企業の資金調達手法の多様化などがあります。日本企業が海外で資金調達する場合、国内に比べてはるかに幅の広い情報開示が求められます。欧米では「企業は株主のもの」という考えが強いですから、経営に関する情報開示は社会的責任と考えられているのです。IRに対する意識が日本でも浸透してきました。これまで主流であった銀行借入れによる資金調達（間接金融）と並んで、新株や社債などによる資金調達（直接金融）が重視されるようになると、外国人投資家や個人投資家の市場参加、安定株主の確保のためにもIRが重要になってきました。上場企業には、IR担当チームや部署の設置が増えています。総務部門と連携しての株主総会の開催、株主優待制度、アニュアルレポート（年次報告書）、株主通信、CSRや統合報告書の作成、IR広報誌の発行、IRサイト、IRイベントなど、広い意味で広報分野が重要な役割になってきています。

▶▶▶情報開示とIR活動の目標◀◀◀

中核はディスクロージャー

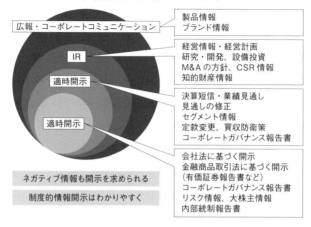

- 広報・コーポレートコミュニケーション: 製品情報／ブランド情報
- IR: 経営情報・経営計画／研究・開発、設備投資／M&Aの方針、CSR情報／知的財産情報
- 適時開示: 決算短信・業績見通し／見通しの修正／セグメント情報／定款変更、買収防衛策／コーポレートガバナンス報告書
- 適時開示: 会社法に基づく開示／金融商品取引法に基づく開示（有価証券報告書など）／コーポレートガバナンス報告書／リスク情報、大株主情報／内部統制報告書

ネガティブ情報も開示を求められる

制度的情報開示はわかりやすく

IR活動の明文化した目標（n=862）

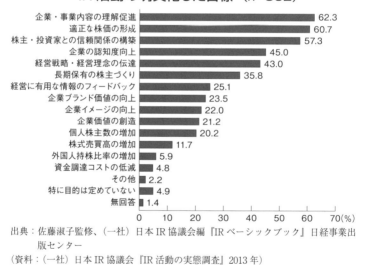

項目	%
企業・事業内容の理解促進	62.3
適正な株価の形成	60.7
株主・投資家との信頼関係の構築	57.3
企業の認知度向上	45.0
経営戦略・経営理念の伝達	43.0
長期保有の株主づくり	35.8
経営に有用な情報のフィードバック	25.1
企業ブランド価値の向上	23.5
企業イメージの向上	22.0
企業価値の創造	21.2
個人株主数の増加	20.2
株式売買高の増加	11.7
外国人持株比率の増加	5.9
資金調達コストの低減	4.8
その他	2.2
特に目的は定めていない	4.9
無回答	1.4

出典：佐藤淑子監修、（一社）日本IR協議会編『IRベーシックブック』日経事業出版センター
（資料：（一社）日本IR協議会『IR活動の実態調査』2013年）

Public Relations STRATEGIC version

3．地域社会に向けての広報活動

　地域社会と企業との関わり合いは、古くは1970年代の公害問題をきっかけとした住民運動の盛り上がりの中で議論がなされました。その結果、企業は営利追求のための自己中心的な活動を反省し、地域社会と共生しなければならないという風潮が生まれてきました。

　しかし、この段階ではまだ、お互いが迷惑をかけないで共生するという理解にとどまっていました。現在では、企業も社会における一市民であるという考え方、すなわち企業市民（コーポレート・シチズンシップ）の考え方が台頭し、企業は積極的に地域社会（コミュニティ）と関わるべきだという理解が進んでいます。

　企業には、市民組織や住民集団との良い関係づくりのためのコミュニケーション活動が必要になってきます。自治会・町内会・PTA・商工会・コミュニティ・ビジネス、各種の文化・スポーツサークル・趣味のクラブ・生協・消費者団体・防災団体・NPO法人などがその対象となります。企業は組織としてあるいは社員個人としてこれらの集まりに参加し、活動して、信頼を深めることが重要です。工場の新設にあたって「産業公園（ファクトリー・パーク）」化し一般に開放したり、集会施設やグランド・体育館などを提供し、市民の便宜を図ることも地域貢献です。また、地域の祭りなどへの参加、協賛、防災訓練の共同実施などもあります。これらがCSR（企業の社会的責任）活動と認識されるのです。

　地域社会との関係づくりのことをCR（コミュニティ・リレーションズ）と言いますが、単発ではなく繰り返しや継続によって成果を上げるものです。また、地域の集まりやイベントに企業として参加するだけでなく、社員一人ひとりが市民生活者として参加できるように配慮、奨励することが大切です。

▶▶▶地域社会広報の方法◀◀◀

方法	具体的内容
オープンハウス	企業施設や工場への見学者受け入れ。 ⇒第5章の8. オープンハウス（p.88）を参照
地域イベントへの参加	地域社会の伝統的な行事、フェスティバル、盆踊りなどに、企業としてまたは個人として寄付したり、積極的に参加する。企業によってはこの種のコミュニティの祭りを新たに企画し、主役的役割を演じているケースもある。
地域の会合・懇談会への参加	町内会、商工会、社交クラブなどに参加したり、地元の代表と企業幹部との懇談会などを開催して相互理解を促進する。
広報ツールの整備	企業を理解してもらうためのパンフレット・広報誌・会社案内・DVD・ウェブサイト・ソーシャル・メディアなどを整備、活用する。
コミュニティ誌・地域広報誌の発行	企業が地域のために予算を組み、地域社会のコミュニケーション・ツールとして広報誌を発行する。編集委員に地域市民を加える場合もある。
プレスやコミュニティ集団への情報開示・発信	メーカーなどの場合、新しい設備やシステムを導入した場合、記者発表と同時に地域市民の代表者らにも説明会を開いたり資料を配布する。
苦情処理システム	地域市民からのクレーム処理体制を整備しておく。対応の遅れが誤解のもととなる。
環境保全への参加とディスクローズ	環境保護のためのシステムやガイドラインを整備したり、社内の事務部門でも紙の再生やゴミ処理など積極的な環境保全の動きをし、これらを地域社会にディスクローズ（公開）、理解を求める。
調査の定期的実施	一定の期間ごとに調査を実施し、評価・分析の上、プログラムの変更・修正を行う。
ウェブサイトホームページ（タウン情報）	行政や地域団体の実施した講演会、シンポジウムや地域での新しい動き、人などを放映。さらに、地域の観光案内や商業等の状況も加えてウェブを開き、情報発信する。

©T.Fujie

4．社会活動の推進と広報活動

　企業の社会的責任（CSR）活動とは、企業本来の社会的責任（優れた財・サービスの供給、雇用の確保、株主への利益配当、租税公課の負担など）を果たすと同時に、事業活動に直接的には結びつかなくても、豊かな社会づくりや社会の発展のために種々の経営資源を活用することです。

　社会活動が盛り上りをみせた背景には、経済の発展が成熟期に達し、グローバル社会の中で日本が一定の役割を果たすことを求められるようになったこと、ISO（国際標準化機構）で26000番として規格化されたこと、ソーシャルメディアが普及したこと、地域社会との関わり合いが強く求められるようになり市民や生活者の利益を重視した経営の時代を迎えていることなどがあります。

　社会活動が主として広報部門の業務であるのは、広報が社会との窓口役であり、社会的信頼づくりに関わっているからで、それは企業側からの情報発信と交流が必要だからです。社会活動に携わっていることを公表しない企業も少なくありませんが、社会活動を企業のコミュニケーション活動の一環としてとらえる場合は、社内外に向けての積極的な情報開示が必要です。社会活動を公表することで、地域の信頼を得、投資家の評価を高め、社員のモラール（士気）の向上や人材募集への効果も期待できます。社会活動を積極的に行っている企業の社員であることが社員の誇りにつながるからです。

　ただし、あまり派手なPRをすればかえってマイナスになることもあります。社会活動が結果として社会貢献になるかどうかを判断するのは、あくまでも社会の側であり、企業自身ではありません。

　社会貢献はフィランソロピーと言われ、ギリシャ語を語源としており、主に欧米企業から出てきたものです。また市民の学芸・文化活動の支援をメセナと言い、主にフランスで発展したものです。

▶▶▶社会活動の方法◀◀◀

方法	具体的内容
教育	育英資金・奨学金など、小・中・高校への出張講義、国内大学への寄附講座
学術研究の助成	自然科学・社会科学などの学術研究への助成、出版助成、海外の学会出席への助成、表彰など
福祉施設の助成	福祉事業への助成、福祉施設・学校施設などへの助成
美術館・博物館	美術館・博物館の運営と助成、美術品の収集
芸能関係	音楽・美術・映画などの開催・助成 茶華道、舞踊、歌舞伎、能などの開催助成
環境の保全	緑化・自然保護・住環境保全事業とこれらの事業への助成、野生動・植物、昆虫類の保護
福祉事業	病院・診療所・保育園・老人ホームなどの経営、その他福祉事業
国際交流	外国との文化交流事業、それに対する助成や表彰、外国人留学生の奨学金、外国の大学への講座寄附
青少年教育・スポーツ	青少年のリーダー育成、スポーツの振興
地域文化	地域文化振興のための行事や助成、町づくり・村おこし
調査・研究所	政治・経済・科学などの調査や研究所の設置

©T.Fujie

5．社会・環境活動の報告、統合報告

　企業が事業（ビジネス）活動を進める上で社会や環境とどのように関わるか、が注目されるようになりました。CSR（社会的責任）の視点が経営にどのように反映されたか、どのように社会的要請に応えたか、市場や社会に説明するため、情報開示する必要があります。特に、株主、投資家、社員、顧客、取引先、行政官庁、マスメディアなどのステークホルダーの関心に応える報告が求められるようになりました。

　従来から企業は、法定開示として財務諸表等の決算報告書類、アニュアルレポート（年次報告書）などを作成していましたが、地球環境問題への関心が高まるにつれ、「環境報告書」を非財務報告として公表するようになりました。21世紀に入り、世界的にCSRが経営に課題となると、環境に加え、社会活動についても開示するようになり、「社会・環境報告書」「社会活動報告書」「CSRレポート」などが作成されるようになりました。当初は義務的スタンスだったものが、やがてプロアクティブになり、「サステナビリティー報告書」としたり、グローバル化に呼応し、英語、中国語など複数言語によって、活字媒体だけでなく、ネットでも公表されるようになりました。そして近年では、企業価値創造に向け、ESG（環境、社会、ガバナンス）を包含し、財務と非財務の情報をまとめた「統合報告書」が作成されるようになってきました。すでにIIRC（国際統合報告協議会）のフレームワークがつくられ、長期的価値創造型の統合報告が求められるようになっています。

▶▶▶社会活動報告書の事例◀◀◀

出典：(株)シマノ『社会活動報告書』（2014.1.1-12.31）

6. 採用・募集広報／リクルート広報

　バブル崩壊後の景気低迷により、新卒市場は一転して買手市場に転じ、女子大生を中心に「氷河期」などと言われてきました。しかし、長期的にみると出生率が低下し、若年労働力は先細りの傾向にあります。また、企業の雇用は非正規社員の比率が増加傾向にあり、単なる「人手」ではなく、即戦力となる優秀な「人材」の確保という意味でも近年、採用・募集への努力を続けていかなければならなくなってきました。こうした状況から、人材確保は人事部門だけでなく広報部門も巻き込んだ全社的な戦略へと移行してきています。

　新卒者が就職先を選定するときに目安となるのが「良い会社」かどうかという点です。判断基準は年々変化し、かつては業績や安定性であったのが、現在では社会性やブランドイメージの向上に成功した企業が人気企業ランキングの上位を占めるようになっています。したがって、今後、正規・非正規にかかわらず、人材採用における広報の役割がますます重要になってくると思われます。

　応募者が会社を選ぶ際の重要情報は、「ウェブサイト（HP）」「入社案内」「先輩・知人」という調査結果があります。入社案内や募集ウェブの作成にあたって注意したいのは次の2点です。

①企業ブランドイメージづくり
　現在の企業活動・将来像・自社の方向づけ、社会との関わりや活動の状況を明確にする。また、自社の企業理念やビジョンを的確に表現したキャッチフレーズやコピーを考案する。

②企業の事業内容の周知
　何をやっている会社か、またどういった仕事（職種）があり、どのような処遇で求職者の才能や技能を生かすのかを知らせる。

▶▶▶募集広報のアピールポイント◀◀◀

①	実績や安定度
②	将来性、将来像
③	独身寮、社宅、保養所、利用施設などの福利厚生制度
④	入社後の教育、研修制度、留学制度など
⑤	週休二日制などの週の労働時間、年間の労働日数
⑥	短期、長期休暇や半日休日制など
⑦	各種の表彰制度とその報奨内容(報奨金や海外旅行)
⑧	本社や工場などの立地条件
⑨	海外での事業展開、転勤可能性、語学研修制度
⑩	クラブ活動やレクリエーション活動など
⑪	賃金(賞与)
⑫	その他、他社にない独特の制度や組織

©T.Fujie

求人・募集広報／プレースメント広報

　近年、人事・採用担当の仕事に広報部門が協力して企画、実施する動きが注目されています。ニュースリリースと同時に、採用スタッフのブログ、ツイッターなどで親しく呼びかけ、自社ウェブサイトに誘導したり、経営者のブログ、ツイッターを活用するものもあります。また最近、いくつかの企業が集まって、プロ野球のドラフト型の採用をする、一種の採用イベント広報もあります。求職者からスマホで撮った自己紹介動画を送ってもらうケースもあり、プレースメント広報が多様化してきました。

Public Relations STRATEGIC version

7. 企業ブランド・企業イメージづくり

　企業はその商品、サービス、技術力、商標、伝統などを通して、市場や社会からある一定のイメージを持たれています。市場や社会からどう見られているかを知ることは、自らの企業ブランドをどう認識するかということです。そこで企業がトータルなブランドイメージを良好にしておくことは、次のような意義があります。

①成熟した社会における企業間競争は品質やデザインによる差別化が困難で、売上が企業のトータルなイメージで左右される

②企業が危機的状況に直面することが多くなった現在、企業に対する信頼イメージはまさかの時の防波堤になる

③顔が見えないと言われている日本企業がグローバルな社会に根づいていく上で、明確なメッセージを発信し、信頼されるブランドをつくらないと誤解や不信を招く

④事業が多角化すると、企業からの情報発信も多様化し、複雑化する。そこで中核イメージをつくる必要がでてくる

⑤市場・社会からつくられていく企業のブランドイメージは必ずしも全体を正しく見通したものでなく、近視眼的で断片的なこともある。わずかな事件・事故でブランドイメージを落とすことがあり、常に戦略的な広報対応をする必要がある

⑥一度固定したイメージを覆すのは難しく、営業、IR、社員募集にも影響する

　社外向けのPRには熱心なものの、「外づら」と「内づら」が異なっている企業は少なくありません。両者の違いを当然と考えるのか、統一を図ろうと努力している企業なのかは、人間でいえば人格です。イメージづくりの最終目標は両者の一致と考えるべきでしょう。

▶▶▶企業イメージの調査項目◀◀◀

①	地球環境に気を配っている企業
②	苦情や不満に誠実に対応する企業
③	自己改革に積極的な企業
④	今後10年で飛躍的に伸びる企業
⑤	財務内容がすぐれている
⑥	優秀な人材が多い
⑦	技術力がある
⑧	経営者がすぐれている
⑨	社会の変化に対応できる
⑩	新分野進出に熱心である
⑪	文化・スポーツイベントに熱心である
⑫	国際化が進んでいる
⑬	個性がある
⑭	伝統がある
⑮	成長力がある
⑯	よい広告・広報活動をしている
⑰	活気がある
⑱	安定性がある
⑲	扱っている商品・サービスの品質がよい
⑳	営業・販売力が強い
㉑	センスがよい
㉒	信頼性がある
㉓	研究開発力・商品開発力が旺盛である
㉔	顧客ニーズへの対応に熱心である
㉕	親しみやすい

出典:日経企業イメージ調査

8. CI（コーポレート・アイデンティティ）

　CIとはCorporate Identity（コーポレート・アイデンティティ）のことで、適当な日本語訳がなく、そのままCI（シーアイ）と呼ばれます。行政体ならGI、大学ならUI、病院ならHI等です。

　CIが本格的に紹介され、導入されたのは1970年代です。ちょうど日本経済が高度成長から成熟期に向かい、各社の技術力に差がなくなり、製品そのもの同様トータルな企業イメージが重視されるようになった時期です。そこで、企業のイメージアップを短期間で効果的に実現する手段としてCIが導入されました。

　CIというと新しいマークやロゴをつくることだと考えている人もいますが、これはVI（Visual Identity＝ヴィジュアル・アイデンティティ）で、CIを構成する一つの要素です。狭義のCIと言うこともできます。本来のCIはこれにMI（Mind Identity＝マインド・アイデンティティ）とBI（Behavior Identity＝ビヘイビア・アイデンティティ）を加えた3つの要素で構成されます。MIは企業理念の統一性を図ること、BIは社員一人ひとりがその理念に従って統一された行動をとること、VIはその理念をシンボライズしたものと考えることができます。

　つまり、CIとはその企業がどんな考えや理念に立ち社会との共生を図りながら存続しようとしているのかを明確にし、社員一人ひとりに浸透させ、行動の基盤として定着させるかという、内面的な改革を含んだものです。したがって、CI導入の効果が本当に現れるまで2〜3年を要するのが普通です。ただし、その効果は社員のモラールアップから対外的イメージづくり、人材募集への影響など多岐にわたっています。企業文化の形成とも深く関わっています。

▶▶▶ビジュアルを中心としたCIプログラム◀◀◀

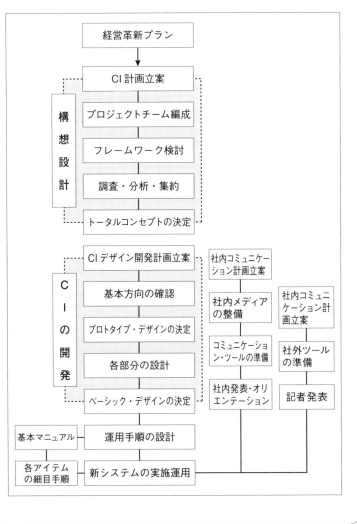

©T.Fujie

POINT
第6章のまとめ

　ここまでの章が広報の基礎編だとすれば、第6章はその応用編と言えるかもしれません。
　時代の変化とともに対象などを絞った戦略的な広報が求められるようになりました。投資家（株主）向けの広報であるとか、地域社会に向けての広報などがそれです。また環境問題への広報からの取り組みも重要なテーマになりつつあります。

広告・宣伝
………第7章………
BASIC
ベーシック・バージョン
version
〜はじめて広告・宣伝を担当する人のために〜

1．広告とは何か

(1) 広告の現状

　現代の生活は広告を抜きには考えられません。私たちは広告（アドバタイジング）によって商品の存在を知り、価格や性能を比較し、買うか買わないかの判断材料を得ているからです。商品そのものは店頭で初めて接したものであっても、その製品を作っているメーカーの存在は、日頃他の商品の広告によって知っており、それが購買の決め手になることもあります。テレビでコマーシャルを流していることがその企業の信用や親近感を高める効果があるからです。いずれにせよ、私たちがある商品を買うか買わないかということは、広告によって大きく左右されているのは事実です。

　また、テレビのコマーシャルから流行語やヒット曲が生まれたり、CM出演がきっかけで一躍有名タレントになった人も大勢います。広告を見ていれば現代がわかるとまでは言えませんが、すくなくとも世相の一端を窺い知ることはできます。

　㈱電通の統計によれば、日本全体の年間総広告費は2012年が6兆円弱で、国内総生産に占める割合は1.24％です。媒体別ではネット系が急成長しているものの、テレビが約3割を占め、トップです。広告会社の名の下に事業を営んでいる会社は約4,500社、そこで働く従業員は約9万人と言われています。大手広告会社を中心に学生の就職先として相変わらず人気があります。わが国の産業の一端を担っているという意味でも、広告を抜きに現代を語れないと言っていいでしょう。さまざまな形で広告に携わる人は、広告の持つ影響力の大きさを十分に認識しておかなければなりません。

(2) 広告とは何か

　本書は広告の研究が目的ではなく、広告活動を推進するにあたっての実務知識を提供することを目的としています。しかし、実際の作業は多くの人々による共同作業ですから、一番元になる部分での認識の違いが、思わぬトラブルの原因にならないとも限りません。

　そこで、念のため代表的な定義を紹介しておくことにします。

　「広告（advertising）とは、明示された広告主によるアイディア、製品、およびサービスの有料形態をとる人を介さない呈示と促進である。」

　これは AMA（アメリカマーケティング協会）による定義で、しばしば引用されるものです。わが国では、小林太三郎氏のものが有名で、以下のようなものです。

　「広告とは、企業・非営利企業・個人などの広告主が狙った人々を対象にし、広告目的を達成するために行う商品、サービス、アイディア（考え方、方針、意見などを意味する）などについての情報伝播、それによる説得活動であり、その情報は広告主の管理可能な広告媒体を通して流されるものである。広告は、広告主の広告目的の達成はもとより、消費者または利用者の満足、さらには社会的・経済的福祉の増大化などの機能を伴うことになるのは言うまでもない。」

　広告の定義は、これまで多くの学者、研究者によって提示されてきました。インターネットが発達した現在でも数多くの定義があり、決定されていません。それは、広告というものが時代とともに変化していくものだからです。産業の発展、消費の性質、価値観などが如実に反映されるのが広告です。広告を見る視点そのものはそれほど大きく変わりません。要するに、誰が、誰に、何を、どう情報伝達し、説得し、関係をつくり、文化や社会に影響を与えるか、です。

ADvertising BASIC version

2. マーケティングとコミュニケーション

(1) マーケティングとは何か

マーケティング（marketing）は、生産力が急速な拡大を見せた1950年代のアメリカで、それに見合う消費の拡大の必要に迫られて発展していった考え方で、わが国には50年代の中頃に導入されました。

マーケティングの定義は極めて数が多く、学者の数ほどあるなどと言われています。日米のマーケティング協会のものを紹介します。

● AMA（アメリカ・マーケティング協会）の定義

「マーケティングとは、個人や組織の目標を満足させる交換を創造するために、アイディア、商品およびサービスについての着想、価格決定、プロモーションおよび流通を計画し、実施する過程である。」

● JMA（日本マーケティング協会）の定義

「マーケティングとは、企業および他の組織がグローバルな視野に立ち、顧客との相互理解を得ながら、公正な競争を通じて行う市場創造のための総合活動である。」

やや難解と思われるので、もう少しわかりやすく説明します。

企業が自社製品をより多く売って利益を上げるためには、製品が消費者によって受け入れられなくてはなりません。そこで、企業はまず消費者の欲求（ニーズ）がどこにあるかを探ります。市場調査などを行うのもこのためです。そして、消費者の欲求（ニーズ）に合った製品を開発し生産します。さらに適切な価格設定、最もふさわしい販売方法、流通方法などを考えていきます。したがって、マーケティングはビジネスそのものであるとも言えます。当然、広告もマーケティングの一環として位置づけられることになります。

(2) マーケティング戦略の基本

①消費者対応

　消費者志向（consumer oriented）とか顧客満足（CS＝Customer Satisfaction）という言い方をしばしば耳にすると思いますが、成熟期に達した経済社会では、消費者の商品や企業を選別する目が厳しくなってきています。受け手である顧客本位のマーケティングを行わない限り、市場に受け入れられなくなっている、ということを強く意識しなければなりません。

②競争対応

　成熟期では企業相互間の競争は一段と激しいものになり、企業が自らの存在を確保し、成長していくためには、他の企業に対して優位に立つことが求められます。したがって、マーケティングでは戦略による優位の確立が大切です。

③社会対応

　各企業がマーケティングの考え方を取り入れていくにつれ企業間の競争が激化しましたが、同時に製品・サービスの差別化が曖昧で困難になってきました。いずれのメーカーのものも、デザイン、性能、価格など、ほとんど差がなくなっています。そうなると、いわば製品力から企業力の競争に移るようになってきました。

　フィリップ・コトラー（Philip Kotler、米国のノースウエスタン大学教授）は、かつての企業側の大量生産・販売の製品中心時代をマーケティング1.0、つぎの消費者・顧客ニーズの多様化に対応して競争する段階をマーケティング2.0、そしていま企業と生活者、顧客とがコラボレーションして社会的価値をも包含した価値共創の段階をマーケティング3.0と呼んでいます。この段階への対応が今日の課題です。

(3) マーケティング・ミックスと4P

　マーケティング・ミックスとは、マーケティングに含まれる諸活動、つまりマーケティング構成要素の組み合わせということです。マーケティング目標の達成のため行われる諸活動や手段は、個別に遂行されるのではなく、それぞれが効率よく組み合わされなくてはなりません。

　マーケティング・ミックスを構成する要素は通常つぎの4つです。英語の頭文字をとってマーケティングの4Pと呼ばれています。

①製品（Product）

　消費者が欲求する製品を開発することです。この場合の製品というのは、品質や性能だけでなく、パッケージ、デザイン、ネーミングなども含む広い概念です。

②価格（Price）

　いずれの製品も適切な価格が設定されて商品となりますが、消費者はさまざまな要素を考え、ことに製品の品質、価格などで価値があると判断したとき購入を決定します。マーケティング・ミックスにおける価格の相対的重要度は商品によって異なります。

③プロモーション（Promotion）

　商品の需要を喚起し、購買につなげるためのさまざまなコミュニケーション活動のことです。広告は、（狭義の）販売促進、販売員活動などと並んでここに位置づけられます。

④流通（Place）

　販売チャネル、つまり、商品をどのように流通させ、どのような方法で販売するかということで、店頭、通販などがあります。商品によっては保管や配送など物流（ロジスティクス）も重要です。

(4) 製品ライフサイクル

　マーケティング戦略を考える概念として製品ライフサイクル（product life cycle）があります。これは新製品が商品として市場に導入されてから、しだいに成長して、他社との競争も始まり、やがて成熟期に達し、消費者の欲求の変化や代替品の出現などもあって市場から姿を消していくまでの過程を言います。商品の競争や需要の状況についての原則的な傾向をつかむことができます。ブランドや企業のライフサイクルにも同様の傾向がみられます。

　製品ライフサイクルは、導入期・成長期・成熟期・衰退期に区分されますが、成長と成熟の間に競争期を入れることもあります。

① **導入期**……商品を導入し市場を開拓する時期です。新商品の効用や良さを消費者に認めてもらう時期で、広告費がかさみます。

② **成長期**……商品が市場に受け入れられて、需要が伸びる時期です。同業他社もこの商品に注目して市場に参入し始めます。需要の伸びも大きく、採算ベースに乗ってきます。

③ **競争期**……成長市場に同業他社が参入し、先発企業はシェアの維持、拡大を、後発企業はシェアの確保と伸長をはかり、激しい競争が展開されます。価格を下げたり、プロモーションを強化するため、利益は低下傾向を示します。

④ **成熟期**……買い替えや反復による需要が大部分で、価格やプロモーションに対して反応が弱くなります。新規参入も少なく、企業間の順位もほぼ決まります。

⑤ **衰退期**……代替品の出現、生活用式の変化などによって需要が減退し、やがて市場から消えていきます。

3. 広告の種類

(1) 目的別の分類
- 商品広告……商品の名前、性能、優位性などを知らせ、購買を促す広告です。現在の広告の大部分がこれに当たります。
- 企業広告……直接的に商品を広告するのでなく、考え方や活動を訴え、企業イメージ全体を向上させ、結果的にその企業が生産する商品への信頼を獲得し、購買につなげるものです。
- その他の広告……ある問題に対して自分の立場や考え方を表明する意見広告があり、アドボカシー広告とも呼ばれます。

(2) 対象別の分類
- 消費者広告……一般の生活者に直接訴求するものです。
- 産業広告……その企業が扱う商品が原材料や業務用品であれば、企業に向けての広告を実施します。
- 流通広告……自社の商品をより多く扱ってもらうために、卸・小売業に向けての広告を実施します。

(3) 媒体別の分類
どの媒体（メディア）を使って広告するかという観点からは「新聞広告」「雑誌広告」「テレビ広告」「ラジオ広告」「屋外広告」「交通広告」「ネット広告」などに分類されます。第8章で説明してあります。

(4) 広告主の分類
広告は企業だけでなく、国や地方公共団体、政党や宗教団体、学校や病院など、さまざまな組織が行っています。

(5) 比較広告
訴求タイプで自社商品やサービスと競合企業のそれらを比較し、優位性を主張する広告で、米国では盛んです。自社の既存品と新商品を比較して訴求することもあります。

▶▶▶広告の種類◀◀◀

目的別	商品広告 企業広告 通知広告 案内広告 意見広告 求人広告
広告主別	メーカー広告 小売広告 政府広告 公共広告 NPO（非営利）広告 個人の広告
媒体別	新聞広告 雑誌広告 テレビ広告 ラジオ広告 交通広告 屋外広告 折り込み広告 POP広告 インターネット広告
対象別	消費者広告 産業広告 流通広告
テーマ別	CSR・環境広告 IR（インベスター・リレーションズ）広告
訴求タイプ別	比較広告

©T.Fujie

ADvertising BASIC version

4．セールス・プロモーションと広告

(1) セールス・プロモーション（販促）とは何か

　マーケティング・コミュニケーションのなかで、販売活動に最も近いところにあるのが販売促進（セールス・プロモーション：sales promotion）です。SP（エスピー）などと略して言われる場合も少なくありません。

　フィリップ・コトラーは、セールス・プロモーションについて「ある製品やサービスの購入や販売を促進するための短期的な動機づけ」と規定しています。これをもう少し補足すれば、「いま、その商品を買わせるための直接的な動機づけ」がセールス・プロモーション活動であると言えるでしょう。広告の役割が、主に「その商品の存在を知らせる」ことだとすれば、セールス・プロモーションの役割は「商品の購入という行動を引き出す」ことにあります。したがって、セールス・プロモーションには、広告のように商品イメージを定着させる機能はなく、短期集中型で即効効果を狙うのが普通です。

(2) セールス・プロモーションの効果と限界

　ここでは、セールス・プロモーションで解決できることと、できないことを明らかにしておきます。

●セールス・プロモーションで解決できること
　①商品の未使用者に「試し買い」を動機づけ、新規顧客を開拓すること
　②商品の既使用者に「まとめ買い」や「連続買い」を動機づけ、顧客の定着化を促進すること
　③卸・小売業者への動機づけで販売支援活動を促進すること

●セールス・プロモーションで解決できないこと
　①長期にわたって購入を続けさせること
　②広告の不十分さをカバーすること
　③売れ行きが下降傾向にある商品を上昇傾向に変えること

(3) **セールス・プロモーションの領域と手段**

　セールス・プロモーションは、メーカー（生産者）と販売業者（商業者）、消費者の間にある商品、アイディア、情報などのすべてに関わる範囲を領域とし、これら3者の関わり合いを促進していきます。

　セールス・プロモーション活動の対象となるのは主に消費者ですが、販売業者や自社の社員も対象になります。

●**消費者に対するプロモーション**
　①サンプリング……試供品を提供したり、商品見本を無料配布する方法です。着実に成果をあげている手法で、新しい顧客を獲得するために有効ですが、費用がかかります。
　②モニタリング……高額商品の場合は、サンプルとして商品をあげてしまうことができないので、貸与して商品の良さを知ってもらう方法です。アンケート回答などを条件とすることが多く、情報収集にも役立ちます。
　③デモンストレーション……店頭で商品の良さを実地に示して見せる、あるいは実際に試してもらう手法です。イベント展開などもこの手法に含まれます。
　④プレミアム……プレミアム品をパッケージの中に封入する方法、ラベルなどを送付した人にもれなく、または抽選でプレミアム品を進呈する方法、スピードくじのようにその場で景品が当たる方法などがあります。また、クイズなどで懸賞に応募させる方法（オープン懸賞）もありますが、商品の購入が前提になっ

ていないため、本来的な意味での販売促進効果は期待できません。
⑤クーポン……割引券を配布して、試し買いを動機づける手法です。
⑥価格パック……価格は通常のままで、容量を増やした特別パッケージを販売する手法で、実質的な値引きになります。
⑦トレード・スタンプ……商品購入時にスタンプを渡し、一定枚数でプレミアムと交換する手法です。継続的に商品を購入してもらうことを狙っています。
⑧会員制度……購入者を対象に、さまざまな特典を得られる会員組織に加入してもらい、ユーザーの固定化を図る手法です。
⑨サービス制度……修理・点検や無料配達などのサービスを付加して購入を促進する手法です。購入者に対して使用方法の講習会を開くなどのやり方もあります。

●**販売業者（卸・小売店）に対するプロモーション**

消費者を「買う気にさせる」プロモーションだけでなく、卸・小売の人たちを「売る気にさせる」プロモーションも重要です。これを流通向けプロモーション（トレード・プロモーション）と言います。インセンティブとして報酬や賞などを出します。

①販売店プレミアム……商品の仕入れ量や特定商品の取り揃えに対して、プレミアム（景品やノベルティ：記念品）を提供する手法です。
②販売店コンテスト……売上高、陳列技術、手作りPOPなどを競わせ、賞金や商品を進呈する手法です。

なお、懸賞やプレミアムについては、景品額の上限などをはじめ、さまざまな法的規制や業界の自主規制があるので、これらについて十分な知識を身につけることも大切です。

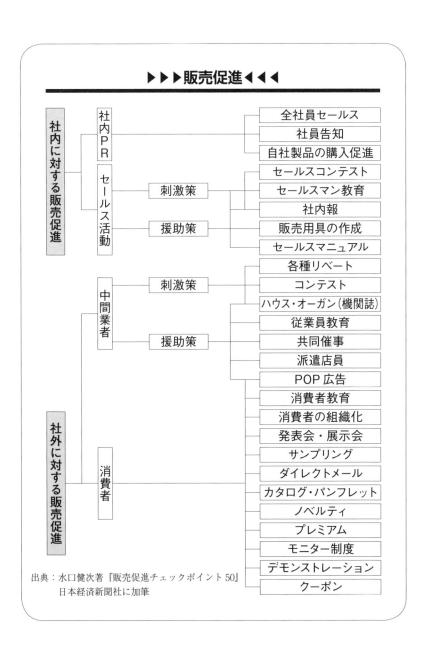

出典：水口健次著『販売促進チェックポイント50』
日本経済新聞社に加筆

5. 広告部門の位置づけ

(1) 広告部門の位置と組織

　企業において広告を担当するセクションを何と呼ぶかによって、広告に対する企業の姿勢、社内での位置づけなどがおおよそ理解できます。

　「広告部」という名称が最も多く、次いで課、室、係と少なくなっていきます。広告費の規模が大きくなるにつれて、社内でのウエイトが大きくなり、部へ昇格するという傾向がみられます。

　「宣伝部」という名称は、しだいに広告部になりつつありますが、伝統のある薬品、食品、化粧品、百貨店などではまだ宣伝部の名称が使われています。

　最近では、社外への情報発信という共通の認識から、宣伝、広告、広報・PRなどの各セクションを統合して「コーポレート・コミュニケーション室」を設置する動きが目立ってきました。企業活動が社外と密接に関係し、社会的責任に対する自覚が深まり、業務でのインターネットも日常化する中で、コミュニケーションを内と外に区別する考え方が時代にそぐわなくなってきたということでしょう。

　広告部門が企業の中でどのような位置づけにあるかは、組織上のコントロール系統を見ればわかります。大きく分けると次の6つのパターンに分類することができます。

● 社長直接統轄型……広告、販売、製造など各セクションに担当マネージャーが配置され、各マネージャーは直接社長に報告しなければなりません。小規模企業に多い型です。広告活動の大部分を広告会社に依存している企業もこの型である場合が多いようです。

● マーケティング部長直接統轄型……マーケティング活動の統轄者がマーケティング部長である場合です。広告部門は、販売や営業

部門と並立的に存在します。
- ●営業部長統轄型……広告を人的販売の援助手段と考え、営業または販売部の傘下に広告部門を設置するスタイルです。広告部門の責任者は、営業部長を広告・販売促進面から支援するアシスタントという性質を帯びています。
- ●事業部制度下の広告部門集権型……事業部制を採用する場合、各事業部にゼネラル・マネージャーが付き、広告面を担当する別組織のスタッフ部門を持ちます。この集権的部門は全社的な広告はもとより、各事業部の広告をも担当します。この広告部門の責任者は、本社の社長に広告について報告する立場にあります。
- ●事業部制度下の広告部門分権型……事業部の広告担当者は、営業または販売部長に直接報告するという組織で、営業部のコントロール下にありますが、事業部別に広告部を持つところが特徴です。
- ●事業部制度下の広告部門集権・分権混合型……事業部内に販売部門と並立した形で広告部門があり、さらに別組織の広告部門を置き、全社的な広告や、各事業部の広告部門を支援するスタイルです。

(2) **広告部門の業務内容**

　企業規模によって、広告部門の体制も大小さまざまです。制作スタッフまでも社員として持ち、広告のすべてを社内で行う企業もあれば、部長と部下１人というスタッフで、ほとんどの業務を外部の広告会社に任せてしまう企業もあります。

　一般的な広告部門の組織編成は、次の５つのパターンに分類することができます。明確に区分して編成する場合といくつかを統合して編成する場合があるのは言うまでもありません。

- 機能別組織……広告の主な機能別に編成するものです。企画、制作、媒体、調査などの機能別に担当者を配置する方法です。
- 媒体別組織……主要な媒体別に担当者を置く組織です。媒体の特徴に精通する意味からも多くの企業が採用しています。
- 商品別組織……多くの主要商品を持つ企業の場合、商品別に責任者（プロダクト・マネージャー）を置くことがあり、広告担当者もそれと対応する形となるものです。
- 広告対象別組織……見込み客グループが、最終消費者、産業用利用者、農業従事者、病院などのように複合的にある場合、グループの特性に合わせた対応をする必要があり、コミュニケーションを効果的に進めるために考慮すべき形態です。
- 地域別組織……マーケティングの展開上、地域要因が強い場合に、地域別の広告担当者を置いて広告活動を展開することがあります。

広告部門で活動を行っていく上で、留意したいポイントを6つ挙げておきます（6つのM）。

　①商品（Merchandise）……商品の特徴や魅力から、何を訴えたらよいのか
　②市場（Market）……見込み客について、量と質の両面からの分析
　③動機（Motive）……商品やサービスに対する購買動機の分析
　④メッセージ（Message）……広告メッセージの内容
　⑤媒体（Media）……メッセージを効果的に到達させるための媒体選定
　⑥広告費（Money）……広告目標を達成するための戦略としての費用の算定

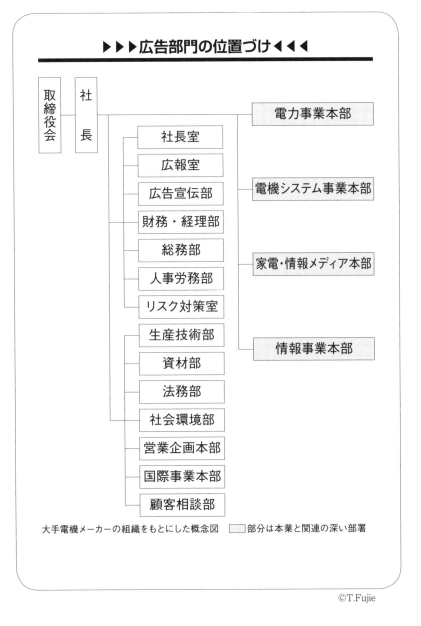

POINT
第7章のまとめ

　第7章でははじめて広告を担当することになった人を念頭に置いて、まずその意味や役割を知り、前提となるマーケティングの知識や関連業務として販売促進の基本を身につけてもらうことを狙いとしました。

　大企業などでは、広報と広告の部門は独立していますが、同一の部門が担当するケースが少なくないので、広報と広告の両方がわかるコミュニケーターが求められています。

　さらに最近では大企業でも、コーポレート・コミュニケーションという形で部門を統合する動きがあります。

広告・宣伝

········ 第8章 ········

LEVEL UP

レベルアップ・バージョン

version

〜広告取引とメディアの特性〜

1．広告主・広告会社・媒体社

(1) 広告取引の仕組み

広告主、広告会社、媒体社（マスメディア）の3者の取引関係を簡単にまとめておきましょう。

①広告主が広告会社に広告の掲載（または放送）を発注します。
②広告会社は媒体社（新聞社やテレビ局）の掲載枠（または放送枠）を購入し、広告を実施します。
③広告会社は、広告主から料金（掲載料や放送料など）を回収し、媒体社に支払います。
④媒体社は、広告会社に取次ぎ手数料（通常15％）を支払います。

以上の関係を図で示したものが次頁にあります。

(2) コミッションとフィー

広告主と媒体社の仲介役が広告会社であることが理解できたと思います。広告会社の収入というのは、基本的には仲介の手数料ということになります。これは「コミッション」と呼ばれます。しかし、これが広告会社の収入のすべてではありません。次の項で触れることになりますが、現在の広告会社は、戦略の立案からリサーチ（調査）、CIの企画・実施など多岐にわたるサービス業務を展開しています。これらの対価が「フィー」と呼ばれるもので、企画費、調査費、制作費がこれに当たります。ただし、マス4媒体のコミッションがほぼ確立しているのに対して、フィーについていまひとつ明確になっていません。広告会社各社ごとに料金体系がありますが、まちまちです。通常「人件費＋間接コスト（通信費、設備費、調査費等）＋利益」として計算します。米国ではフィー取引がふえているようです。（宣伝会議編『広告制作料金基準表』などの出版物）

▶▶▶広告取引の仕組み◀◀◀

```
            広 告 主
         （アドバダイザー）
```

- フィー（企画料・制作料等）
- 広告企画・制作発注
- ↑ 広告企画・制作
- 媒体料（放送料／掲載料）
- 広告媒体購入委託
- コミッション（媒体手数料／通常15%位）

```
           広 告 会 社
        （アド・エージェンシー）
```

- ↑ 媒体スペース／タイム
- 媒体購入発注
- ↓ 媒体料

```
            媒 体 社
         （マスメディア）
```

©T.Fujie

ADvertising LEVEL UP version

(3) 取引の形態

　欧米諸国では、一つの広告会社はある業界の中で、その中の一広告主とだけしか取引しないのが普通です。これを一業種一社制と言います。

　しかし、日本では一つの広告会社が同じ業種の複数の広告主と取引することは珍しくありません。同じ社内の別々のフロアーでAビール会社担当とBビール会社担当が並存しているという状況です。広告会社自身が守秘義務などに対して厳しく自己規制していることもあり、広告主側もあまりこのことを問題にしていませんが、外資系企業の日本進出や日本企業の海外進出が活発になってきた現在、改めて検討しなくてはならない問題になってきました。

　以上は広告会社の側から見た取引の形態ですが、広告主側から見た取引の形態について見ておきましょう。

- 一括取引型……一つの広告会社に広告活動の一切を委託する形です。機密保持や戦略の一貫性という点で優れています。
- 商品別取引型……多数の商品群を持ち、かつ分野が明確に分かれている場合はこの形をとることがあります。同じ会社の食品事業部と医薬品事業部が別々の広告会社と取引するというような場合です。

　また、一つの商品の広告に関して、広告表現制作と広告媒体購入（掲載枠や放送枠の確保）を別々の広告会社に依頼する場合もあります。

(4) 取引の実際

　実際の取引形態は千差万別であり、こうでなければならないという決まりがあるわけではありません。ここでは、初めて広告会社と取引をする広告主側の担当者を念頭に、大まかにその流れを見ておくことにします。

①広告会社を選ぶ……広告会社側の窓口は営業部門です。最初は複数の広告会社に当たってみます。会社の規模だけでは判断できません。広告会社に得意な分野があるからです。営業担当者（AE）に会い、過去の実績などをよく聞き、目的の仕事に適切か、予算内でやれそうか、を確認します。
②オリエンテーションを実施する……広告主が広告会社に対して計画の概要を説明することをオリエンテーションと言います。

「今度新しくこのような商品を発表することになった。商品の特徴はこれこれである。学生やOLを対象に売り出したい。予算は概ねこれくらいで……」というような具合です。

オリエンテーションで大事なのは次の2点です。

●依頼の内容を明確にする……広告会社に何をしてもらいたいのかを明確にすることです。「とにかく何かいい案出してよ」というような態度では多くを望めません。

●十分な情報を提供する……会社の方針から商品の特性まで、正確な情報を提供すればするほど良い提案が得られます。

なお、オリエンテーションは一社に依頼する場合と複数社に依頼して相見積りにする場合があります。たくさんあれば公正で名案も出ると考えがちですが、会社や商品のことをよく知っている広告会社に依頼することもあります。ケースバイケースというほかはありません。
③プレゼンテーションを受ける……オリエンテーション後、1～2週間（場合によっては数ヶ月）を経て、広告会社が広告主に対して、広告計画案を発表することをプレゼンテーションと呼びます。業界の人たちはオリエンとかプレゼンというふうに略して使うことが多いようです。ここでのポイントは、プレゼンテーションのテクニックに惑わされることなく、冷静に客観的な判断を下すと

いう態度です。
④広告出稿前の動き……広告を扱う広告会社が決まったら、担当者と十分なコミュニケーションをとりながら、作業を進めていきます。マスメディアでは新聞にしろ、テレビにしろ出稿期限があるわけですから、正確・迅速が一番のポイントです。
⑤広告出稿後の動き……新聞に掲載されたら、あるいはテレビで放送されたらそれで担当者の仕事は終わりというわけではありません。他の業務と同様、Plan（計画）→ Do（実行）→ See（評価）の繰り返しですから、広告がどのような効果をもたらしたかの評価が必要です。場合によっては、科学的な手法で広告効果測定を実施しますが、このことについては第10章で詳しく説明します。

インターネット広告（オンライン広告）

　広告コミュニケーション・メディアとしてインターネットの諸機能を活用するもので「ウェブ広告」「ネット広告」とも呼ばれます。パソコンだけでなく、スマートフォン、携帯電話、ウェアラブル端末などに向けた「モバイル広告」も一般化してきました。

　インターネットは地球上広範囲に配信されるだけでなく、ターゲットを性別、年代、属性、地域など細分化することもできます。また、ユーザーとの双方向のインタラクティブなコミュニケーションも可能になりました。

　形状では、メール型広告、バナー型広告、テキスト型広告、動画型広告も盛んになりつつあります。また配信方法では、検索するキーワードによるリスティング広告（検索連動型広告）、コンテンツの内容に連動するコンテンツ広告、スマホの位置に連動する位置連動型広告もあります。

　市場規模も拡大しており、マス4媒体に並ぶ日も近いでしょう。

▶▶▶日本の広告費◀◀◀

広告費 媒体	広告費(億円) '11 H23年	広告費(億円) '12 24年	広告費(億円) '13 25年	前年比(%) '12 24年	前年比(%) '13 25年	構成比(%) '11 23年	構成比(%) '12 24年	構成比(%) '13 25年
総広告費	57,096	58,913	59,762	103.2	101.4	100.0	100.0	100.0
マスコミ4媒体広告費	27,016	27,796	27,825	102.9	100.1	47.3	47.2	46.6
新聞	5,990	6,242	6,170	104.2	98.8	10.5	10.6	10.3
雑誌	2,542	2,551	2,499	100.4	98.0	4.4	4.3	4.2
ラジオ	1,247	1,246	1,243	99.9	99.8	2.2	2.1	2.1
テレビ	17,237	17,757	17,913	103.0	100.9	30.2	30.2	30.0
衛星メディア関連広告費	891	1,013	1,110	113.7	109.6	1.6	1.7	1.8
インターネット広告費	8,062	8,680	9,381	107.7	108.1	14.1	14.7	15.7
媒体費	6,189	6,629	7,203	107.1	108.7	10.8	11.2	12.1
広告制作費	1,873	2,051	2,178	109.5	106.2	3.3	3.5	3.6
プロモーションメディア広告費	21,127	21,424	21,446	101.4	100.1	37.0	36.4	35.9
屋外	2,885	2,995	3,071	103.8	102.5	5.1	5.1	5.1
交通	1,900	1,975	2,004	103.9	101.5	3.3	3.4	3.4
折込	5,061	5,165	5,103	102.1	98.8	8.9	8.8	8.5
DM	3,910	3,960	3,893	101.3	98.3	6.8	6.7	6.5
フリーペーパー・フリーマガジン	2,550	2,367	2,289	92.8	96.7	4.5	4.0	3.8
POP	1,832	1,842	1,953	100.5	106.0	3.2	3.1	3.3
電話帳	583	514	453	88.2	88.1	1.0	0.9	0.8
展示・映像他	2,406	2,606	2,680	108.3	102.8	4.2	4.4	4.5

総広告費	日本国内に投下された年間（1〜12月）の広告費
マスコミ4媒体広告費	新聞、雑誌、ラジオ、テレビのマスコミ4媒体に投下された広告費
新聞	全国日刊紙、業界紙の広告料および新聞広告制作費
雑誌	全国月刊誌、週刊誌、専門誌の広告料および雑誌広告制作費
ラジオ	全国民間放送の電波料および番組制作費とラジオCM制作費［注、事業費は含まない］
テレビ	全国民間放送の電波料および番組制作費とテレビCM制作費［注、事業費は含まない］
衛星メディア関連広告費	衛星放送、CATVなどに投下された広告費（媒体費および番組制作費）
インターネット広告費	インターネットサイトやアプリ上の広告掲載費および広告制作費（バナー広告等の制作費および企業ホームページの内、商品／サービス・キャンペーン関連の制作費）
プロモーションメディア広告費	次のプロモーションメディアの広告費
屋外	広告板、ネオン、屋外ビジョン等屋外広告の制作費と掲出料
交通	交通広告の掲出料
折込	全国の新聞に折り込まれたチラシの折込料
DM	ダイレクト・メールに費やされた郵便料・配達料
フリーペーパー・フリーマガジン	フリーペーパー・フリーマガジンの広告料
POP	POP（店頭販促物）の制作費
電話帳	電話帳広告の掲出料
展示・映像他	展示会、博覧会、PR館等の制作費、広告用映画・ビデオ等の制作費と上映費など

出典：電通「2013年　日本の広告費」2014年

2. 広告会社の組織と機能

(1) 広告会社の分類

ここではまず広告会社の一般的な分類を整理しておきます。

広告主として業務を依頼する場合であれば、次の2つの分類を知っておけば十分です。

- ●総合広告会社……広告をはじめとして、販売促進手段などを総合的に扱い、マーケティングのすべての機能やサービスを提供する。
- ●専門広告会社……特定の広告業務を得意とし、それを中心にサービスを提供する。電波媒体（テレビ・ラジオ）専門、印刷媒体（新聞・雑誌）専門、交通・屋外広告専門、DM専門、POP広告専門、ディスプレイ専門、ネット広告専門など。

比較的規模の大きな広告会社が総合広告会社に分類されるため、会社の優劣や影響力と誤解する人がいますが、必ずしもそうではありません。依頼する業務内容によっては、専門分野に特化した広告会社に依頼したほうが、より確実にパフォーマンスを発揮してもらえるということも言えます。

次に別の角度から広告会社を分類します。それは資本系列による分類です。それによって、サービス内容やサービスの質が変わるというものではありませんが、担当者として広告会社と付き合う場合は、会社の背景がどういうものかを一応知っておくべきでしょう。

- ●媒体社系……媒体社の子会社として存在している。新聞社系に多い。つまり新聞広告のみ、しかもある特定の新聞の新聞広告のみを扱うというような形になる。
- ●広告主系……広告主企業の子会社として存在しており、ハウス・エージェンシーと呼ばれることもある。つまり、親会社やそのグループ各社の広告を主として扱う。

もともとは媒体社系・広告主系として出発しても、しだいに他の媒体やグループ外の広告も扱うようになり、総合的な広告会社に発展しているケースもあります。大広（朝日新聞社系）、読売広告社（読売新聞社系）、東急エージェンシー（東急グループ）などは日本を代表する総合広告会社に発展しています。

以上のほか、特定の資本系列に属さない独立系、外資系（合弁含む）があります。

(2) 広告会社の組織

広告会社の組織は、基本的には次の4つの部門から構成されています。

- ●管理部門……総務、人事、経理などいずれの企業にもある、また欠くことのできない部門。
- ●営業部門……広告主に対する総合的な窓口。通常すべての業務はこの部門を通して計画・実行される。この部門のリーダーをアカウント・エグゼクティブ（AE）と呼ぶことがある。
- ●媒体部門……テレビ、ラジオ、新聞、雑誌などに広告を放送・掲載する企画を立案し、実施する部門。
- ●スタッフ部門……戦略立案や広告表現の側面から営業部門をサポートする。マーケティング部門、クリエイティブ部門、リサーチ（調査）部門などがこれにあたるが、営業部門とリサーチ部門が横断的につながった職能としてアカウント・プランニング部門がある。調査に基づく企画制作の指針づくりが主な仕事である。また、CM制作会社などそれぞれの専門会社やデザイナー・コピーライターなど外部スタッフと協力しながら業務を進める場合もある。
- ●ネット部門……インターネット、ソーシャルメディアなどを活用した広告の企画、制作を担当する部門。広告会社における比重が増している。

(3) 広告会社の機能

 広告代理店という言い方にも表れているように、広告会社のそもそものスタートは、媒体社から広告スペースを購入し、それを広告主に販売するというものでした。広告の基本戦略は広告主が決めることが多く、それに沿った広告表現の制作や媒体計画の立案・実施が広告会社の仕事でした。

 しかしながら、市場の拡大、企業間競争の激化、消費者ニーズの多様化など企業を取り巻く環境が変化するなかで、広告主はより高度な、専門的なサービスを広告会社に求めるようになりました。

 現在の広告会社は、マーケティングを構成する4つの要素である、プロモーション戦略、商品戦略、価格戦略、流通戦略（以上をマーケティングの4Pと言いますが、これは第7章で説明しました）のすべてにわたって企画・提案する能力が求められていると言えるでしょう。

―― **タイアップ** ――

 数多くの広告に慣れた現代の消費者に訴える広告手法としてタイアップ（tie-up）があります。

(1) **ペイド・パブリシティ（payed publicity）**
 ①記事体広告――新聞、雑誌等の媒体が企業から対価を得て、取材記事風の体裁で掲載するもので、パブリシティ的効果が期待できます。
 ②編集タイアップ広告――雑誌媒体などが企業あるいは複数企業から特定テーマ企画について編集ページと同様のスタイルで掲載するものです。広報PR的な感覚で、読者の関心と信頼を得やすく、企業広告として活用されます。
 ③タイアップCM――テレビ等電波媒体の番組で、提供広告主以外の商品やロケーション協力について企業名入りでコマーシャルします。

(2) **イベント（event）**
 ①媒体社の事業に対するイベント協賛、後援、協力
 ②媒体社と共同か単独での企業、自治体等のイベントへの協賛、後援、協力
 ③テレビ、ラジオ番組、映画・ビデオ制作などへの協賛、後援、協力

▶▶▶主要広告会社売上高◀◀◀

(単位：百万円)

順位	会社名	2013年	2012年	前年比	新聞	雑誌	ラジオ	テレビ	その他
1	電通	1,482,122	1,414,311	104.8	113,756	34,160	15,234	689,366	629,603
2	博報堂	617,290	614,609	100.4	39,367	16,599	7,722	293,982	259,620
3	ADK	296,065	303,422	97.6	20,536	14,167	3,066	136,207	122,085
4	大広	117,514	123,358	95.3	13,069	2,277	2,855	54,922	44,390
5	JR東日本企画	100,094	98,514	101.6	2,684	1,463	418	7,478	88,051
6	東急エージェンシー	96,205	98,017	98.2	4,259	1,847	1,204	27,804	61,091
7	読売広告社	76,835	76,719	100.2	6,821	1,617	1,276	26,036	41,077
8	電通東日本	51,156	48,931	104.5	5,154	1,600	1,450	18,383	24,569
9	デルフィス	44,638	45,605	97.9	2,325	1,689	556	11,652	28,416
10	クオラス	40,117	38,347	104.6	4,231	864	1,985	15,991	17,046
11	朝日広告社	38,730	42,050	92.1	15,044	1,904	598	8,110	13,074
12	日本経済広告社	36,095	32,058	112.6	10,576	1,948	559	8,833	14,179
13	フロンテッジ	34,425	33,737	102.0	2,405	753	442	20,833	9,942
14	電通九州	33,864	29,740	113.9	4,254	200	852	17,070	11,488
15	日本経済社	29,567	28,412	104.1	9,214	1,023	313	4,323	14,694
16	JR西日本コミュニケーションズ	28,778	27,996	102.8	777	385	77	1,972	25,567
17	オリコム	28,635	28,482	100.5	1,351	961	432	4,081	21,810
18	電通西日本	27,878	28,670	97.2	6,977	260	754	10,454	9,433
19	オリコミサービス	26,682	25,267	105.6	49	21	28	48	26,536
20	新通	23,286	24,862	93.7	10,618	—	—	5,751	6,917
21	JR東海エージェンシー	18,556	18,416	100.8	1,187	1,004	45	1,910	14,410
22	アイプラネット	16,316	14,606	111.7	1,089	577	221	3,669	10,760
23	新東通信	15,473	15,890	97.4	2,747	178	196	2,235	10,117
24	電通ヤング&ルビカム	15,009	19,835	75.7	1,095	1,054	123	2,867	9,870
25	読売連合広告社	13,127	13,703	95.8	5,528	446	—	3,720	3,433
26	読売エージェンシー	12,369	11,978	103.3	7,717	273	193	566	3,620
27	NKB	12,139	12,162	99.8	81	29	12	—	12,017
28	京王エージェンシー	10,907	10,370	105.2	137	56	17	92	10,605
29	ビデオプロモーション	10,848	10,846	100.0	226	141	800	6,993	2,688
30	廣告社	10,611	10,951	96.9	3,162	440	194	1,201	5,614

出典：広告経済研究所「広告と経済」2014年

ADvertising LEVEL UP version

3．広告媒体

(1) **マス4媒体とは何か**

　この本の中でもすでに媒体という言葉は何度も登場していますが、ここでもう一度整理しておきましょう。広告は人々の目に触れて（耳に入って）はじめて意味を持ちます。したがって、広告は発表する場を必要とします。この広告の送り手と受け手をつなぐのが媒体です。英語ではメディア（Media）です。

　ネットが普及する以前は広告媒体と言ったら、テレビ・ラジオ・新聞・雑誌などを指しました。いまはネットも広告媒体ですが、媒体社と言えば通常、テレビ局や新聞社のことです。

　テレビ・ラジオ・新聞・雑誌のことを特にマス4媒体（ときに4媒体）と言います。他の広告媒体と区別することが多いのは、大量に伝達し、生活に身近という点で、いまでも広告媒体の中心的な地位を占めているからです。

　しかし、マス4媒体は不特定多数をターゲットにした場合は強みを発揮しますが、ある特定の地域でしか供給されないサービスであるとか、ある年代層だけをターゲットにした商品などを広告する場合、費用対効果という点で弱みもあります。

　最近はネット系広告が急伸しています。身近なPCや携帯、スマホなどで接触が期待できるからです。法的規制がほとんどなく、ネット広告から自社サイトへ誘引できるのも特徴です。

　広告担当者に求められるのは、それぞれの媒体特性をよく理解し、その商品（サービス）に最も適した媒体を選択する、あるいは最適な組み合わせを選択する（メディア・ミックスと言います）という判断力です。もちろん、予算の制約という条件に合わせてです。

▶▶▶広告媒体の種類◀◀◀

マスマ4媒体	活字媒体	新聞	全国紙
			ブロック紙
			地方紙、地域紙
		雑誌	一般誌
			専門誌
	電波媒体	テレビ	地上波
			BS、CS
		ラジオ	AM
			FM
			短波放送など
屋外系媒体	交通広告	鉄道	社内吊、ポスター、駅看板
		その他	航空機、船舶、バスなど
	屋外広告		屋外看板
			屋外ネオン、ビジョン
			その他
販売促進媒体	新聞折込み広告		
	POP（立体）広告		
	フリーペーパー、コミュニティ紙（誌）広告		
	映画広告		
	ノベルティー広告		
	電話帳広告		
	ダイレクトメール		
	店舗内広告		
インターネット媒体	ウェブ	バナー広告、テキスト広告、検索連動型広告	
	eメール	メールマガジン、DM型メール広告	

©T.Fujie

ADvertising LEVEL UP version

(2) **新聞媒体**

次に述べる雑誌媒体と合わせて、印刷媒体というくくり方をすることがあります。その場合、テレビとラジオは電波媒体として分類します。

①**新聞媒体の特性**

日本では国民の識字率が高く、新聞の宅配制度が普及しているため、読者層・読者数が欧米に比べて多く、部数は減少気味ですが、根強いです。印刷物であるため具体的で詳細な情報が伝達でき、保存できます。どちらかというと理性に訴え、商品やサービスの内容理解を促進する場合に適しています。出版物の広告が多いのもこうした新聞媒体の特性によるものです。電子メディア時代にも信頼度は高いと言えます。

②**新聞の種類**

配布地域を基準に分類すると次のようになります。

- 全国紙……配布エリアが全国に及びます。「朝日新聞」「読売新聞」「毎日新聞」「産経新聞」「日本経済新聞」があります。
- ブロック紙……ブロック地域内で強い影響力を持っています。「北海道新聞」「中日新聞」「西日本新聞」などです。
- 地方紙……地域に密着していることから、特定の地域に対しては強い影響力を持ちます。「静岡新聞」「京都新聞」「徳島新聞」などは地元のシェアが高いです。

また、記事内容によって、次のような分類もできます。

- 一般紙……不特定多数の読者を対象に内外の出来事を幅広く報道します。上の全国紙・ブロック紙・地方紙はこれに該当します。
- 専門紙……特定の専門分野や業界の記事が中心です。「日経産業新聞」「日刊工業新聞」などです。
- スポーツ紙……スポーツを中心に芸能・娯楽記事を掲載します。

▶▶▶主な新聞の発行部数◀◀◀

	新聞名	朝刊	夕刊
一般紙	朝日新聞	7,433,577	2,660,055
	毎日新聞	3,326,979	973,760
	読売新聞	9,561,503	3,211,838
	産経新聞	1,610,822	520,716
	日本経済新聞	2,769,732	1,387,950
ブロック紙	北海道新聞	1,083,753	
	西日本新聞	721,311	
地方紙	東奥日報	247,863	
	河北新報	440,500	
	秋田魁新聞	233,770	
	山形新聞	202,425	
	福島民報	255,136	
	下野新聞	314,593	
	北日本新聞	240,318	
	北國新聞	305,276	
	信濃毎日新聞	476,437	
	静岡新聞	658,134	
	京都新聞	404,873	
	神戸新聞	549,000	
	山陽新聞	411,390	
	中国新聞	570,436	
	徳島新聞	242,252	
	愛媛新聞	261,506	
	高知新聞	190,535	
	熊本日日新聞	312,382	
	大分合同新聞	211,662	
	宮崎日日新聞	211,815	
	南日本新聞	328,394	
専門紙	日経MJ（流通新聞）	252,014※	
	日経産業新聞	132,505※	

出典：日本ABC協会（2014年1月～6月平均部数）
　　　※は「日本経済新聞　媒体資料　2014」

「日刊スポーツ」「スポーツニッポン」「報知」などです。
- ●夕刊紙……夕刊のみ発行で、大衆的な「夕刊フジ」「日刊ゲンダイ」などです。
- ●英字紙……英語による新聞です。「The Japan Times」「Asahi Evening News」などです。

③新聞広告の種類

新聞広告は掲載位置によって次の2種類に分けられます。

- ●記事下広告……新聞記事の下部に設定されたスペースに掲載されるものです。段数(ほとんどの新聞が15段)と横幅によって料金が異なります。横幅をいっぱいに使い、段数が5段なら「全5段」、横幅が半分なら「半5段」という言い方をします。

　全国紙では第一面に必ず出版物の広告が掲載されていますが、これは「出版規格広告」といって、書籍や雑誌の広告以外では掲載できません。スペースも「3段八つ切り」か「3段六つ切り」(全3段のスペースを8等分または6等分しているため)に限られています。

- ●雑報広告……記事の中の特定の位置に掲載されるものです。記事下広告のように自由に出稿スペースを決めることはできません。「題字下(題字横)」「記事中」「突き出し」「挟み込み」などがあります。

④掲載料金

新聞の広告掲載料金は、広告の種類、配布エリア、出稿期間、出稿量によって決められます。詳しくは各社の料金表を参照してください。

なお、新聞の媒体価値を決める重要な指標は発行部数ですが、これについては、一般社団法人日本ABC協会が調査データを公表しています。

▶▶▶新聞広告の種類◀◀◀

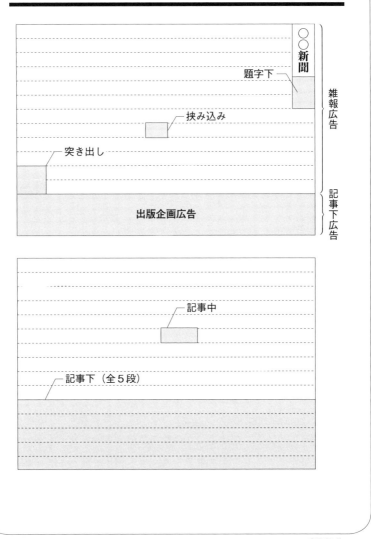

©T.Fujie

(3) 雑誌媒体

　新聞と並んで歴史の古い媒体です。明治後期から大正・昭和初期にかけて創刊された総合雑誌、婦人雑誌の登場以降に本格的な隆盛を迎えました。

①雑誌媒体の特性

　印刷媒体として新聞と似た特性がありますが、カラー印刷の技術は新聞を凌いでいます。色の厳密性が要求される広告、たとえばファッション関係の広告によく使われるのはそのためです。また、今日の雑誌は「クラス・マガジン」という言葉に表れているように、年齢・性別・職業・趣味などで読者層を細かく絞った編集スタイルをとっているため、特定のターゲットを狙った広告が可能です。これは他のマス媒体にない特性と言えます。

②雑誌の種類

　発行サイクル別に分類すると「週刊誌」「月刊誌」のほかに「隔週刊誌」「隔月刊誌」「季刊誌」「年刊誌」などがあります。

　内容別には「一般誌」「女性・婦人誌」「学生・児童誌」「専門誌」（経済誌、スポーツ誌など）「漫画誌」といった分け方が考えられます。

③雑誌広告の種類

　雑誌広告は掲載面により、次の2種類に分けられます。

●特殊スペース……「表1」（表紙のこと）、「表2」（表紙の裏のこと）「表3」（裏表紙の前のこと）「表4」（裏表紙のこと）などがあります。このうち最も料金が高いのが「表4」です。

●記事中スペース……「見開き2頁」「1頁」「横½頁」「縦⅓頁」などさまざまです。カラーの1頁広告の場合は4色1頁（4C1P）、モノクロの1頁なら1色1頁（1C1P）というように表現されます。

▶▶▶主な雑誌の販売部数◀◀◀

分類	雑誌名	発行社	発行部数
週刊誌	AERA（アエラ）	朝日新聞出版	111,247
	週刊朝日	朝日新聞出版	177,365
	週刊現代	講談社	552,000
	週刊プレイボーイ	集英社	195,000
	週刊ポスト	小学館	460,000
	週刊新潮	新潮社	558,984
	週刊アサヒ芸能	徳間書店	195,613
	SPA！	扶桑社	117,820
	週刊大衆	双葉社	244,759
	週刊文春	文藝春秋	700,889
	サンデー毎日	毎日新聞出版	107,885
	NEWS WEEK 日本版	CCC メディアハウス	69,120
総合月刊誌	WEDGE（ウェッジ）	ウェッジ	124,506
	潮	潮出版社	193,734
	新潮45	新潮社	27,724
	中央公論	中央公論新社	30,000
	Voice	PHP 研究所	29,734
	文藝春秋	文藝春秋	495,000
ビジネス・マネー誌	COURRiER Japon	講談社	81,667
	BIG tomorrow	青春出版社	101,034
	週刊ダイヤモンド	ダイヤモンド社	131,167
	DIAMONDハーバード・ビジネス・レビュー	ダイヤモンド社	20,967
	週刊東洋経済	東洋経済新報社	97,417
	THE21	PHP 研究所	54,300
	PRESIDENT	プレジデント社	289,184
女性週刊誌	週刊女性	主婦と生活社	236,054
	女性自身	光文社	399,828
	女性セブン	小学館	382,728
女性月刊誌	ESSE	扶桑社	373,667
TVラジオ誌	月刊ザテレビジョン	KADOKAWA	470,947

出典：（一社）日本雑誌協会（2014年7月1日～9月30日に発売された1号あたりの平均印刷部数）

注：発行部数は、印刷証明付き発行部数。

ADvertising LEVEL UP version

④掲載料金
　一般的に発行部数の多い雑誌ほど高いということは言えますが、読者の購買力も関係します。購買力の高い20代の独身女性を読者に持つ雑誌などは、その発行部数も新聞同様に日本ABC協会が公表していますが、公査（協会による調査のこと。協会加盟は任意）を受けていない雑誌が多いのが現状です。その場合は公称発行部数を参考にしますが、これは出版社自身が発表しているものです。「公」というのは公の機関が発表したという意味ではなく、公に向けて発表しているという意味合いで使われているので注意。

⑤掲載の申し込み
　月刊誌の場合、掲載の申し込みは、概ね発売日の45日から60日前に設定されています。原稿は「完全版下」、すなわちただちに製版にかかれる状態で入稿します。これが発売日の約30日前です。

⑥アドバトリアルと編集タイアップ
　雑誌を読んでいると、普通の記事と同じような体裁をとりながら、内容はある商品やサービスの宣伝になっているものを見かけます。よく読むと記事の最後の部分に「PRのページ」などと書かれています。これをペイド・パブリシティ（略してペイドパブ）と言います。体裁は記事でも中身は広告ですから当然有料です。雑誌では、このように広告主と編集部が共同で特集や記事を企画する方法がしばしばとられていますが、これを編集タイアップと呼んでいます。企画そのものは広告主側に働きかける場合もあります。後者のケースを特にアドバトリアルと呼ぶことがあります。アドバトリアルは広告（アドバタイジング）と編集（エディトリアル）の合成語です。

▶▶▶アドバトリアルと編集タイアップ◀◀◀

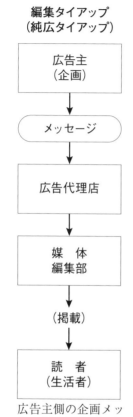
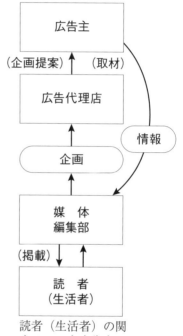

©T.Fujie

ADvertising LEVEL UP version

(4) テレビ媒体

普及率がほぼ100％、1世帯あたりの保有台数が約2台、いまのところテレビは最強の広告媒体と言えます。文字情報に映像、音声が加わり、その情報量は他のメディアを凌いでいます。

①テレビ媒体の特性

音声と映像により、視聴者に強力なインパクトを与えられるのがテレビの強みです。番組提供の場合なら、そのコンテンツ（内容）やタレントイメージをだぶらせることによって、企業やブランドのイメージを形成できるというのはテレビならではと言えるでしょう。

②民放テレビ局の種類とネットワーク

NHK（公共放送）を除いて民間放送は、番組を制作して系列局に提供するキー局を中心に5つのネットワークが形成されています。

- ●JNN　　東京放送（TBS）系列
- ●NNN　　日本テレビ系列
- ●FNS　　フジテレビ系列
- ●ANN　　テレビ朝日系列
- ●TXN　　テレビ東京系列

③テレビCMの種類

電波媒体の場合、広告をCM（Commercial Message）と言います。CMは大別すれば、次の2つになります。

●番組（プログラム）提供CM

番組の提供時間内に挿入するもので30秒が基本です。

●スポットCM

番組提供によらないのがスポットです。長さは15秒が基本です。代表は番組と番組の間のステーション・ブレーク（SB、ステブレ）です。

なお、「日本民間放送連盟基準」では、CMの総量は1週間放送時間の18％以内と定められています。

▶▶▶民放テレビ局ネットワーク◀◀◀

		TBS系列	NTV系列	CX系列	ANB系列	TX系列	独立系
北海道		北海道放送	札幌テレビ放送	北海道文化放送	北海道テレビ	テレビ北海道	北海道放送
青	森	青森テレビ	青森放送		青森朝日放送		
岩	手	岩手放送	テレビ岩手	岩手めんこいテレビ	岩手朝日テレビ		
宮	城	東北放送	宮城テレビ放送	仙台放送	東日本放送		
秋	田		秋田放送	秋田テレビ	秋田朝日放送		
山	形	テレビユー山形	山形放送	さくらんぼテレビジョン	山形テレビ		
福	島	テレビユー福島	福島中央テレビ	福島テレビ	福島放送		
東	京	東京放送	日本テレビ放送網	フジテレビジョン	テレビ朝日	テレビ東京	東京メトロポリタンテレビ
茨	城						
栃	木						とちぎテレビ
群	馬						群馬テレビ
埼	玉						テレビ埼玉
千	葉						千葉テレビ放送
神奈川							テレビ神奈川
新	潟	新潟放送	テレビ新潟放送網	新潟総合テレビ	新潟テレビ21		
富	山	チューリップテレビ	北日本放送	富山テレビ放送			
石	川	北陸放送	テレビ金沢	石川テレビ放送	北陸朝日放送		
福	井		福井放送	福井テレビジョン放送			
山	梨	テレビ山梨	山梨放送				
長	野	信越放送	テレビ信州	長野放送	長野朝日放送		
静	岡	静岡放送	静岡第一テレビ	テレビ静岡	静岡朝日テレビ		
愛	知	中部日本放送	中京テレビ放送	東海テレビ放送	名古屋テレビ放送	テレビ愛知	
岐	阜						岐阜放送
三	重						三重テレビ放送
大	阪	毎日放送	読売テレビ放送	関西テレビ放送	朝日放送	テレビ大阪	
滋	賀						びわ湖放送
京	都						京都放送
兵	庫						サンテレビジョン
奈	良						奈良テレビ放送
和歌山							テレビ和歌山
鳥	取	山陰放送	日本海テレビジョン放送	山陰中央テレビジョン放送		テレビせとうち	
島	根						
岡	山	山陽放送		岡山放送			
香	川		西日本放送		瀬戸内海放送		
広	島	中国放送	広島テレビ放送	テレビ新広島	広島ホームテレビ		
山	口	テレビ山口	山口放送		山口朝日放送		
徳	島		四国放送				
愛	媛	あいテレビ	南海放送	愛媛放送	愛媛朝日テレビ		
高	知	テレビ高知	高知放送	高知さんさんテレビ			
福	岡	RKB毎日放送	福岡放送	テレビ西日本	九州朝日放送	TVQ九州放送	
佐	賀			サガテレビ			
長	崎	長崎放送	長崎国際テレビ	テレビ長崎	長崎文化放送		
熊	本	熊本放送	熊本県民テレビ	テレビ熊本	熊本朝日放送		
大	分	大分放送	テレビ大分*	テレビ大分*	テレビ大分*		
宮	崎	宮崎放送	テレビ宮崎*	テレビ宮崎*	テレビ宮崎*		
鹿児島		南日本放送	鹿児島読売テレビ	鹿児島テレビ放送	鹿児島放送		
沖	縄	琉球放送		沖縄テレビ放送	琉球朝日放送		

出典:「企業と広告」HP(2015年4月現在)http://www.ad-channel.co.jp/
注:＊クロスネット局

ADvertising LEVEL UP version

④テレビ CM の料金

　料金体系は複雑です。基本になるのは放送時間帯で、これは総世帯視聴率の高低によって、A、特B、B、Cの4つのタイムクラスに分けられます。このうち19時から23時までをプライムタイム、19時から22時までをゴールデンタイムと呼びます。当然この時間帯の CM 料金は高いのです。エリア内世帯数、各局の視聴率、過去の実績、需給関係など、諸要素が加わって実際の料金が決定されます。「番組 CM」の料金は制作費と電波料です。

⑸　**ラジオ媒体**

　テレビは家族など複数で視聴するケースが多くなりますが、ラジオはふつう個人視聴です。また、何かをしながらのいわゆる「ながら視聴」が可能なのもラジオの特徴です。これらを生かしながら、エリアやターゲットを絞った展開が可能という点、また災害に強い点で、今後も媒体としての価値を持ち続けるでしょう。

⑹　**その他の媒体**

- 屋外広告……ネオンサイン、看板、広告塔、などで、地域を絞った長期間の広告が可能です。スペースや形態も自由です。
- 交通広告……電車の中吊りポスター、ドアや窓上にある額面ポスター、駅構内の駅貼りポスターなどです。地域が絞りやすく、注目率も高いのですが、中吊りなどは掲出期間が短いので、短期集中的に利用する必要があります。
- チラシ広告……新聞の折り込み広告などで、地域が絞れ、制作費も比較的安いのが特徴です。
- DM 広告……対象を個人まで限定できるのが最大の強みです。また、広告の効果を確実に測定できます。ただし、名簿の収集管理や郵送料の負担は全体の割合から見てかなり大きくなります。
- ネット広告……対象を絞って訴求できるのが強みで、ウエイトがどんどん高まっています（p.132 参照）。

▶▶▶タイムクラス（サンプル）◀◀◀

時刻	平日	土曜	日・祭日
7:00	C	C	C
8:00	B		B
9:00			
10:00		B	特B
12:00	C		
14:00	特B	特B	
17:00	B	B	
18:00		特B	
19:00	特B		
	A	A	A
23:00			
23:30	特B	特B	特B
24:00	C	B	C
24:30		C	

4．顧客相談・カスタマーサービス

　最近、ほとんどの大企業が「お客様相談室」などの消費者対応の窓口を設置しています。これは商品やサービスに関するマイナス情報をまとめて受け入れることにより、企業にとって改善ポイントの発見が容易になるからです。

　特にクレーム対応は重要で、決して逃げたり責任転嫁をしてはいけません。むしろ、消費者の生の声を聞ける貴重な機会ととらえるべきです。思いがけない情報が製品改良や品質向上につながる場合がありますし、欠陥商品によるその後の消費者の被害を未然に防ぐことにもなります。誠意ある対応は、消費者との信頼関係を築き、熱心な顧客を獲得するチャンスでもあります。

クレーム対応の基本
①顧客（相手）の立場に立って、冷静に誠意をもって対応する
②顧客（相手）の言い分を十分に聞き、メモをとる（了承を得て録音することもある）
③顧客（相手）に対し偏見を持たず、客観的に内容を検討する
④すばやい対応をして、具体的な処理案を示す
⑤回答の裏付けはできるだけ専門家や官公庁など第三者から得る
⑥他の原因があるかどうかよく調べる
⑦個々のクレーム処理に終らせず、再発防止につなげる
⑧名前・部署をはっきり伝え、常に会社（組織）の代表としての立場で接する
⑨経過と処理結果を文書で保存する。録音もする

　消費者（顧客）対応の専門窓口を設置するのがベストですが、それが無理なら広報部門の中で担当や対応システムをつくります。苦情を処理するのではなく、貴重な情報を経営に反映させるという姿勢が何より大切です。クレームは将来のプロフィットの源泉です。

▶▶▶消費者対応の方向と指針◀◀◀

①哲学と方針	トップマネジメントが消費者（顧客）対応に関する哲学と指針を示す。	
②意識の変革	社員の消費者や顧客に対する意識を変える。	
③調査と監査	消費者（顧客）からどの程度、理解、信頼、誤解されているかを明らかにするために調査や監査を実施する。	
④コミュニケーション	法務、販売、生産、開発など各部門との密接なコミュニケーション・システムを築く。	
⑤マニュアルの作成	クレーム処理のための方針と手続きに関するマニュアルを作成する。	
⑥フリーダイヤル	消費者からの質問、情報提供、支援などのために、ホットラインやフリーダイヤル・サービスを設ける。	
⑦対話	業界団体、取引関係などと頻繁な対話を行う。	
⑧製品説明会	消費者団体へのPRを重視する。製品説明会・懇談会などを積極的に行い、企業への理解促進を図る。	
⑨消費者モニター	消費者モニター制度を設け、企業の求める消費者情報を定点観測の形で集める。	
⑩消費者提案制度	消費者アイディア提案制度などを積極的に活用する。	
⑪消費者教育	保証、保証期間、サービスセンター、返品制度についてアピールする。	
⑫諮問委員会	地域のオピニオンリーダー、学職経験者、一般消費者などから構成される消費者問題諮問委員会を設定し、提案や意見を聞く。	

©T.Fujie

POINT
第8章のまとめ

　広告の業務を行うために欠かせないのが、メディアに関する知識です。そこで、新聞・雑誌やテレビ・ラジオの広告媒体としての役割を知ってもらうことがこの章の狙いでした。

　また、現在の広告界のシステムとして、広告会社を媒介せずに広告発信することはほとんどないといってもいいので、広告会社がどんな機能を持っているか、広告取引はどんな仕組みになっているかなどを取り上げました。

広告・宣伝

……………第9章……………

SKILL UP
スキルアップ・バージョン
version

〜広告計画と広告表現〜

1．広告計画の進め方

(1) マーケティングと広告

　すでに述べてきたように、マーケティングは企業経営の基幹をなすものです（第7章の2「マーケティングとコミュニケーション」p.112参照）。
　では、その戦略と広告の役割はどのように関係してくるのでしょうか。そこでまずマーケティング計画の流れを見ておきましょう。
　①はじめにマーケティングの環境要因として、経済、政治、科学技術、法律、文化、社会、消費者運動またグローバル化などを検討します。特にスマホ等メディアの進化に留意します。
　②次いで、市場および競争の状況を加味して企業目的を立てます。
　③企業目的に沿って、販売目標と利益目標を設定します。
　④目的達成への標的市場の選定とアプローチの方策を検討します。
　⑤製品、サービス、価格、流通、広告手法などが決定したらマーケティング活動の量的、質的検討が加えられます。
　これらをマーケティング・ミックスと言います。
　市場へのアプローチによって、自社製品のブランドを浸透させ、その結果、市場の確保と維持を狙います。また、自社製品の品質、性能の良さを訴える方法もあります。このときの役割を担うのがプロモーションでマスコミなどを利用した広告や販売促進などです。いわばマーケティング活動における流通の潤滑油の働きと言ってよいでしょう。
　広告・販売促進などの成否によってはマーケティング計画そのものを左右する場合もあります。

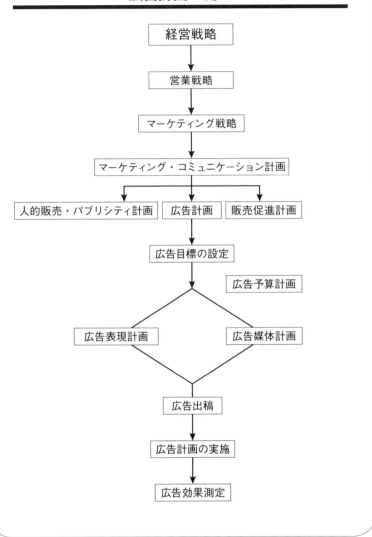

(2) 広告計画

　広告はマーケティング目標を達成するための一つの方法です。したがって、まずマーケティング計画があり、広告計画はその線上で立案されるべきものです。これらを切り離して計画することは実際的ではないし、効果もあまり期待できません。
　広告計画として行われるのは、
　①広告目標の設定
　②広告地域の決定
　③広告時期の決定
　④広告対象者（標的市場）の決定
　以上4項目ですが、これは広告計画を狭義にとらえた場合です。広義の解釈では、さらに以下の内容が含まれます。
　⑤メッセージ（何を訴求するのか）
　⑥メディア・ミックス（どの媒体をどう複合活用するか）
　⑦広告表現→第9章参照
　⑧広告出稿スケジュール
　⑨広告効果測定→第10章参照
　広告計画が関わりあう範囲はマーケティングも含めて非常に広く、多角的な情報収集と検討が必要です。広告計画にあたって市場調査を行うのはこのためです。
　たとえば、わが国最大の広告取扱量を誇る㈱電通は、昭和43年「マーケティング体系に位置づけられた広告計画を立案するための電通方式」を開発しました。これにより、日本の広告はレベルアップし、その後デジタル媒体の普及でインターネット広告はバナー広告などから多様なノウハウが開発されています。

▶▶▶電通 MAP システム◀◀◀

構　想　計　画	
ステップ1	狙いうる消費者の全体像の明確化
ステップ2	市場対策の基本的方向の決定
ステップ3	マーケット・ターゲットの決定
ステップ4	構想計画の代替案作成
ステップ5	構想計画の決定
課　題　計　画	
ステップ6	プロモーション・ミックスの代替案作成
ステップ7	プロモーション・ミックスの効率性基準による序列づけ
ステップ8	プロモーション・ミックスの決定
ステップ9	広告計画とその他のプロモーション計画との関連づけ
ステップ10	広告の地域別目標（値）決定
ステップ11	広告の伝達内容決定
実　施　計　画	
ステップ12	広告表現テーマの決定
ステップ13	広告作品の作成
ステップ14	広告媒体の地域別目標（値）決定
ステップ15	広告単位の限定
ステップ16	個別媒体とその広告単位の地域別限定
ステップ17	最適媒体ミックスの決定
ステップ18	広告実施計画の作成
評　価　計　画	
ステップ19	広告効果の評価

出典：電通広報部資料

2．広告キャンペーン

(1) 広告キャンペーンとは

　広告は効果的な機会をねらって打ち出すことが大切ですが、いつも同じような広告ではマンネリ化し、受け手の側に飽きがくることがあります。また、今日のように広告が氾濫していると、他の広告に埋没してしまうこともあります。そのようなとき、あるプロジェクトの目的に向かって全社を挙げて組織的なプロモーションを展開する必要が出てきます。その一つがキャンペーンです。新製品市場導入キャンペーン、創業記念セール、社名変更キャンペーンなどです。

(2) 広告キャンペーンの特徴

　キャンペーンの特徴は、次のようにまとめられます。
　①特定のテーマや商品について選択的に行われる
　②集中的な広告戦略を立てる
　③キャンペーン実施期間が限定される

(3) キャンペーンの実施

　キャンペーンの実施にあたっては、まずテーマの設定などを行わなければなりません。そのためには、社会の情勢、動向などの分析から、自社製品・サービスとの接点を探る作業が必要になります。

- ●広告目標の設定　　　　→第10章　1「広告目標の立て方」p.174
- ●広告予算の決定　　　　→第10章　2「広告予算の立て方」p.176
- ●広告媒体の選別　　　　→第8章　3「広告媒体」p.138
- ●広告表現　　　　　　　→第9章　3「広告表現と制作業務」p.162
- ●広告スケジュールと実施→第9章　1「広告計画の進め方」p.156
- ●広告効果の測定　　　　→第10章　3「広告効果の測定」p.178

▶▶▶グリコ ポッキー「シェア・ハピネス」の広告宣伝◀◀◀

広告の打ち出し	1966年に発売されたポッキーは、現在では日本のみならず世界約30ヶ国で販売されており、その独特な細長いスティック状の形態から、家族や友人など他の人と分けて食べられることが大きな商品の特長であるため、"しあわせを分かち合えるチョコレート"ということが、幅広い世代に認識されるような打ち出しを行う。
表現のポイント	・会話の合間にポッキーがあることで、お互いの関係がちょっとよくなったり、気持ちがつながったりできる。 ・ポッキーは、気がねなく分け合ってシェアできるお菓子。互いにちょっと幸せな気持ちになれる。 ・会話が弾んでいくことで、幸せを分かち合える。笑顔でハッピーになる。
キャッチフレーズ	Share Happiness! シェア・ハピネス
タレント	どの世代にも親しみがあり、かつポッキーのもつイメージにふさわしいタレントを設定。
広告訴求方法	TVCM、WEB、SNS、ホームページ、キャンペーンの実施、異業種とのコラボレーション、店頭
参考URL	http://www.pocky.jp/share_happiness/

資料提供：江崎グリコ（株）

3．広告表現と制作業務

(1) 広告表現の位置づけ

　広告計画がマーケティング戦略の一環であることはすでに述べました。経営の基盤となるマーケティング戦略のもとに広告戦略があり、広告を成立させるための作業として媒体戦略があります。

　こうした戦略に基づいて、何をどう伝えるのか、広告をどのように具体化するのかという作業が表現戦略です。媒体の選定によって、印刷物にするのかコマーシャルフィルムにするのかといった表現方法に違いが出てきます。つまり、表現戦略は媒体戦略と並立した位置にあると言えるでしょう。

(2) 広告表現の考え方

　広告を表現するときは、製品・サービスと広告メッセージについて深い理解と知識が求められます。そのためには周到な調査により情報を分析しておく必要があります。ここでは製品のケースを参考に、整理のためのチェック項目をあげておきます。

- ●アイデンティティ……商標、会社名、シンボル、マークなど
- ●効能……実験データ、証明、法律面の制約・承認など
- ●パッケージ……大きさ、形、デザイン、スタイル、色、ラベルなど
- ●調査……製品についての調査、それは利用できるかなど
- ●成果……性能、作られた過程、成分、特徴など
- ●製品イメージ　●製品寿命　●競争について　●製造方法　●歴史
- ●消費者の使用状況……使われ方、どのような人が使うか、購買の目的・理由
- ●流通……販売地域、販売業者、供給量
- ●環境・CSR的配慮と視点　●安全性・人権への配慮と視点

⑶ 広告表現の目的

　広告の目的は製品・サービスを売ることにありますから、広告表現はそのためのものでなければなりません。同じ表現活動でも芸術作品と根本的に異なるのがこの点です。どんなに名文を書こうが、美しい映像であろうが、結果的に商品として売れなければ意味がない、それが広告表現です。なお、広告する商品の位置づけによって、表現する目的が以下のように細分化されます。

- ●商品の知名度を上げる
- ●キャンペーンの印象を盛り上げる
- ●ブランドイメージを高める
- ●商品の効用を知らせる
- ●使用法や用途を知らせる
- ●販売店へ誘引したり、通信・ネットで魅きつける
- ●購買意欲を起こさせる

⑷ 広告表現のプロセス

①表現企画

　広告主の依頼に基づいて広告は制作されますから、まず広告主の意向を聞かなければなりません。このための会議がオリエンテーションです（p.131参照）。この会議で広告主から、広告目的、訴求対象者、商品特性、訴求地域、訴求期間、広告予算などについて説明がなされ、広告制作の基本方針を確認し合います。

　次に、基本方針に基づいて、広告商品の位置づけを行います。このことをポジショニング（positioning）と言います。「生活」「市場」「社会」の3つの観点からポジショニングします。

●「生活」でのポジショニング

　この商品は消費者にどのような利便性を与えるのか、生活にどのような彩りを添えるのか、消費者のニーズとどのように関わってく

るのかなどについて検討します。
● 「市場」でのポジショニング
　市場では必ずと言ってよいほど競合製品があります。まったくの新製品であっても、ほどなく類似の競合製品が登場します。そこで、対象となる製品を市場の中でどんな位置に置くかを検討します。
● 「社会」でのポジショニング
　商品の消費によって環境にどのような影響を与えるか、広告する商品が社会にどんな意義があるのかなど、社会的・時代的な位置づけを検討します。
　このようなポジショニングを通じて「表現コンセプト」が決定されます。何を、どのように伝えるのか、その表現方針の決定です。

②**表現制作の担当者**
　表現制作は視覚化（ビジュアル化）の過程です。ビジュアル化することで、消費者に直感的に伝えることができます。こうした作業を担当するのは、ポスターのような印刷媒体の場合であれば、アート・ディレクター（AD）やグラフィック・デザイナー（あるいは単にデザイナー）、テレビCMならばCMプランナーが担当します。こうした人たちは一種の専門職（特別な資格は必要ない）で、コピーライターなども含めてクリエーターと総称されたりします。
　大手の広告会社の場合、たいていは社内に制作部門（クリエイティブ部門）を持っています。制作プロダクションと言って、表現制作を専門に行う会社もあります。これには印刷媒体（グラフィック）を扱う会社とテレビCMなど映像を専門に扱う会社があります。クリエーターと呼ばれる人たちはこれらの組織の一員として仕事をしています。しかし、組織に属さずフリーランス（あるいは単にフリー）として表現制作の業務に携わっている人も数多くいます。最近、これらの作業はネット活用が普及しています。

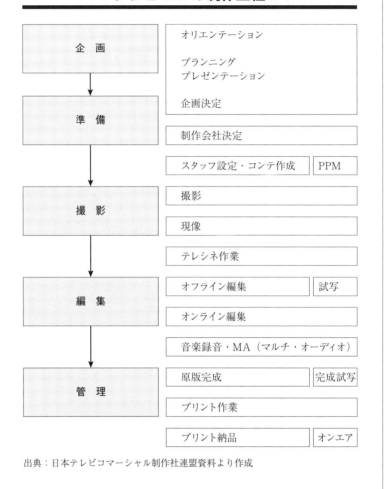

③表現制作のプロセス

●サムネイルを作る

　完成サイズの4分の1から8分の1で、サムネイル・スケッチを作ります。だいたいこんな感じというラフなもので、表現を具体化していくためのアイディアをつかみ出すために描かれます。ふつうは手書きです。サムネイルをもとに検討が加えられ、数点に絞り込んだら、完成サイズにレイアウト上のポイントとなるキャッチフレーズ、写真、イラストをはめ込み、実際のイメージに近づけます。

●カンプを作る

　カンプとはコンプリヘンシブ（Comprehensive）のことです。通常は完成サイズで作られますが、駅貼りポスターのように大きなものは縮小サイズで作られます。プレゼンテーションで広告主に呈示されるのはこれです。したがって、カンプは完成原稿の正確な複製でなければなりません。

　広告主の承認が得られたら、実際の制作作業に入ります。最近はPCでの作成が一般的になっています。

④テレビCMの表現制作

　テレビCMの場合は、ストーリー・ボードを作ります。どんなシーンがあって、どんなナレーションや音楽が入るかがわかるように表現されたものです。

　テレビCMの制作は、専門のプロダクションに発注されるのがほとんどです。プロデューサーを中心に撮影場所（スタジオまたはロケ）の選定や、スタイリスト、照明、美術などのスタッフ選定が進められ、広告主も含めた全スタッフによる会議（PPM＝プレ・プロダクション・ミーティング）を経て撮影に入ります。

▶▶▶テレビ CM の主な表現方法◀◀◀

実証型	商品が持つ機能、特徴を実際に映像として見せ、説明（デモンストレーション）する。統計的データなどで優位性を示すこともある。
タレント型	有名タレントを起用することによって、商品の話題性や注目度アップ、信頼性の確保を狙う。人選には注意を要する。
日常生活型	商品（または企業）と人間の関係を、生活シーンの中から描き、商品を身近なものとしてアピールする。
ギャグ型	受け手を「笑い」の世界に引き込むことで、インパクトを与える方法。ナンセンスやブラック・ジョークには拒絶反応も見られるので要注意。
比較・挑戦型	同種の商品、あるいは競合他社商品との比較によって、自社商品の優位性をアピールする方法。日本ではなじまないと言われている。
イメージ型	言葉による説明より、印象的な映像あるいは言葉などによって、受け手の感覚・感性に訴えかけようとする方法。
ネガティブ・アプローチ型	広告制作の基本はポジティブに作ることだが、商品や企業の欠点をさらけだすことで、逆に印象を強めようとする手法。
連呼型	商品名・企業名を時間内で数多く登場させ、印象づける手法。よほど工夫しないと、ただしつこいだけになり、反発を買う恐れがある。

出典：日本テレビコマーシャル制作社連盟編『ザ・CM』をもとに作成

4．チラシ・パンフレットの制作

　チラシ、パンフレットなど各種印刷物の制作は、広告担当部門の中では日常的に発生する業務だと思われるので、その要点をまとめておきます。

　チラシの一般的な配布方法として新聞の折り込みがあります。たとえば、スーパーの大売り出しや自動車販売会社の新車発表会などの折り込みチラシは、実施の当日ないし前日に入るのが普通です。ということは、納期に絶対的な期限があるということです。したがって、校正などにかける時間をできるだけ短縮し、出稿後の変更を極力避けるようにしなければなりません。ネットでのDTP活用だと、過程簡略と時間短縮につながります。通常は早く、安く作ることを心がけ、刷り色も1色か2色、紙質もあまり上等なものである必要はありません。ただし、商品によっては高級感を出すために4色刷りでやや厚手のコート紙などを使用することもあります。

　パンフレットの場合、ページ数に注意します。手近にあるパンフレットを試しに数えてみればわかりますが、だいたい8ページとか16ページとか切りのよい数になっているはずです。これは紙の使い方として無駄がないためです。(p.52「紙のサイズと種類」参照)

　また、ダイレクトメールの内容物として郵送することを考慮して、紙の重さや大きさにも配慮しなければなりません。たとえば、A4サイズのパンフレットを薄手の紙で作った場合、3つ折りにして長形3号という封筒に収まります。これは定形郵便物なので82円か92円で送ることができます。ところが、厚手の紙で作った場合は折りたためないので、角形2号という大判の封筒を使うことになります。これは定形外郵便物なので、50gまで120円、100gまでなら140円かかります。

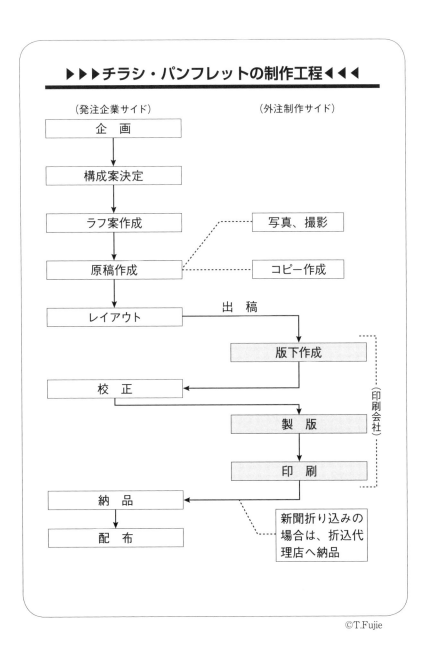

5．ダイレクトメール

　毎日おびただしい量のダイレクトメール（以下DMと略す）が職場に、あるいは家庭に届きます。しかし、その大多数を読まずに、ことによれば封も切らずに捨てているのではないでしょうか。封を切らなかったのは、自分には関係ないと判断したか、開封して読んでみようという気持ちが起こらなかったためでしょう。その原因を送り手の側から考えてみると、まずその商品なりサービスに全く興味・関心のない人に送ってしまったということがあります。これは明らかに名簿に不備があったためです。DMが成功するかどうかの鍵はいかに良質な名簿を確保できるか、つまり、想定する顧客層に合致した名簿（リスト）を揃えられるかどうかです。

　開封率を高めるには、封筒の大きさ、色、デザイン、紙質はもちろん、宛名の書き方にも注意しなければなりません。

　大量に出す場合は料金別納と印刷してしまうか、郵便局でスタンプを押すかどちらかですが、ある程度の分量ならば切手を貼ったほうが効果的です。いかにも機械的に大量に出したというのは受け取る側として中身を軽く感じてしまいます。厳選された少数の人に出していると感じてもらうためには、宛名も手書きにすると効果的と言われています。

　DMの特徴の一つに、他の広告媒体に比べて効果測定が容易であるということがあります。購入履歴などをデータベース化し、リストの精度アップを図れば、さらに高い効果が期待できます。

　また電子メディアによるバーチャル・モールなど新しいショッピング形態も出てきているので、DMの意味合いやあり方も変わってくることが予想されます。

▶▶▶郵便料金の知識◀◀◀

	内　容	重　量	料　金
第一種	定　形 長さが14～23.5cm、幅が9～12cm、厚さが1cmまでのもの	25gまで	82円
		50gまで	92円
	上記の形状であっても50gを超えると定形外になります。 定　形　外	50gまで	120円
		100gまで	140円
		150gまで	205円
		250gまで	250円
		500gまで	400円
		1kgまで	600円
		2kgまで	870円
		4kgまで	1,180円
	郵便書簡（ミニレター）	25gまで	62円
	レターパックライト　※1	4kgまで	360円
	レターパックプラス　※2	4kgまで	510円
第二種	通常はがき	2g～6gまで	52円
	往復はがき	4g～12gまで	104円
第三種	下記以外の第三種郵便物	50gまで	62円
		さらに＋50gごとに（※3）	8円増
	毎月3回以上発行する新聞紙1部または1日分を内容とし、発行人または売りさばき人から差し出されるもの	50gまで	41円
		さらに＋50gごとに（※3）	6円増
	心身障がい者団体の発行する定期刊行物を内容とし、発行人から差し出されるもの／毎月3回以上発行する新聞紙	50gまで	8円
		さらに＋50gごとに（※3）	3円増
	その他のもの	50gまで	15円
		さらに＋50gごとに（※3）	5円増
第四種	通信教育用郵便物	100gまで	15円
		さらに＋100gごとに（※4）	10円増
	点字郵便物・特定録音物等郵便物	3kgまで	無料
	植物種子等郵便物	50gまで	72円
		75gまで	110円
		100gまで	130円
		150gまで	170円
		200gまで	210円
		300gまで	240円
		400gまで	280円
		さらに＋100gごとに（※3）	51円増
	学術刊行物郵便物	100gまで	36円
		さらに＋100gごとに（※3）	26円増

※1　交付記録郵便としない特定封筒郵便物。厚さは3cmまで。
※2　交付記録郵便とする特定封筒郵便物。交付記録郵便のオプションサービス料金は、レターパックプラスの料金に含まれています。
※3　上限1kgまで。
※4　上限1kgまで。ただし、教科用の図書を内容とするものは3kgまで。　　2015年4月現在

ADvertising SKILL UP version

POINT
第9章のまとめ

　パンフレット・カタログ等の広告ツールの制作は広告担当者の中心的な業務になります。そこで、簡単なものなら自分で企画して作れるというレベルを目指してもらいたいものです。
　CM制作のように専門の制作会社に依頼せざるを得ないものもありますが、担当者が基本を押さえているかどうかが、スケジュールの円滑な進行や無駄な経費の節約につながります。ともすれば専門家（広告会社）に任せきりになりがちなのは、知識の不足にも原因があります。

広告・宣伝

……………第10章……………

STRATEGIC
ストラテジック・バージョン
version

～広告の戦略的管理～

1．広告目標の立て方

　第9章で広告計画の立案について述べましたが、その第一歩は広告目標の設定です。明確な目標が定まらなければ適切な行動を遂行できないし、事後の評価もできません。したがって、具体的な広告目標を、できれば数字で表しておく必要があります。

　消費者の購買行動を導くため、広告の世界でよく知られているものにAIDMA（アイドマ）モデルがあります。

　① Attention（アテンション）　　注意を引く
　② Interest（インタレスト）　　　興味を抱く
　③ Desire（デザイア）　　　　　　欲求を感ずる
　④ Memory（メモリー）　　　　　 記憶する
　⑤ Action（アクション）　　　　　購入する

　以上の5つの頭文字をとったもので、消費者が購買に至るプロセスを示したものですが、広告目標を設定するとき、この5段階をもとに考えるとわかりやすくなります。

　つまり、広告の目標が商品や企業の知名度をアップさせることなら、① Attentionが最終目標になりますから、マス媒体を通じて商品名を連呼するような方法が考えられるでしょう。この商品がぜひ欲しいと思わせること、すなわち③ Desireが目標ならば、この商品を購入することによって顧客がどれだけのメリットを享受できるかを訴え、⑤ Actionを目標とするなら、今買うとこれだけ安いというようなことを訴えることになるでしょう。

　目標によって広告企画の方法や表現が異なるので、明確な設定が必要になるわけです。ほかに、AIDCASモデルもあります（右頁）。

▶▶▶ AIDCAS モデル ◀◀◀

コミュニケーションの諸活動による初期的効果から購買という最終効果までの基本的な過程を示したモデル

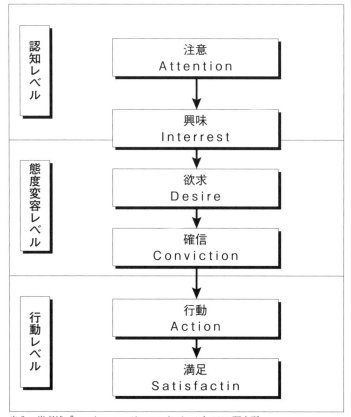

出典：岸孝博『マーケティング・ハンドブック』PHP 研究所

2. 広告予算の立て方

広告予算の決定方式は、大きく3つに分類することができます。

①**ある基準（ガイドライン）を使って決定する方法**
- ●売上高比率法（売上高基準法）……売上高実績（または予想）を基準にして、その一定比率を広告費として計上する方法です。最もよく利用されている方法で、安定的な市場を持っている既存商品については有効です。ただし、市場の変化が激しいときなどは適さない方法と言えます。
- ●利益比率法（利益基準法）……利益の一定割合を広告予算額とする方法です。

②**経験的な手法**
- ●競争企業対抗法……ライバル企業の支出する広告費を基準に、それに対抗しうると考えられるレベルに予算額を設定しようとする方法です。いくつかの企業が限られた市場で競合している場合はそれなりに有効ですが、自社の広告目標の達成のための適正な予算になっているかという点では問題もあります。
- ●任意法（支出可能法）……必要経費を引いた残額をすべて広告費に回します。新製品導入期などに適用します。
- ●目標課題法（広告目標基準法）……「タスク・フォース方式」とも呼ばれます。広告目標を達成するために必要であると推定される費用を積み上げる方法で「積み上げ方式」とも呼ばれ、わが国の企業で最も多く使用されている方法です。

③**理論的なモデルによる方法**

多段階因果連鎖モデルなど、数学的なモデルによる方法です。また、ブランド・ロイヤリティ衰微率・広告投入と販売間のタイム・ラグの推定広告効果指数などの要素を組み込んだ最適広告費のモデルを構築するなどの試みもあります。

▶▶▶広告費のチェックリスト◀◀◀

分類	内容		主な費目
広告費に算入すべき項目	スペース代	有料広告費で右のものが含まれる あらゆる周知媒体によるもの	新聞、雑誌、業界紙、技術雑誌、農業新聞、宗教新聞、社内吊り、ポスター、劇場プログラム、屋外広告、ウインド陳列、カウンター陳列、店頭ネオン、ノベルティーズ、小冊子、商工人名録、直接広告、カートン及びラベルカタログ、包装内挿入物、セールスマンまたは消費者向けのハウス・オーガン、広告のために使用される場合の映画、スライド、輸出広告、ディーラー・ヘルプス、通信または陳列用として使用する広告の複製、ラジオ・テレビ、広告目的のために直接使用されるあらゆる種類の印刷物及び石版印刷物の費用
	管理費		広告部の管理者および使用人の給料、広告部専用の事務用消耗品および備品費、広告代理業・特殊の作家及び顧問に支払われる手数料および報酬、セールスマンが広告部関係の用務を遂行した場合に支払われる諸費用、広告部の実務に従事している従業員の旅費
	技術		美術、印刷、製版、紙型、電気板、写真、その他の費用
	雑費		広告材料の運送費、ウインド陳列設備に要する料金、ホワイト・リストの各項目に関連するその他の雑費
広告費に算入しなくてもよい費用	ボーダーライン上にある費用		見本費、デモンストレーション費、見本市費、勧誘費、家賃、照明費、広告部で使用する什器の減価償却費、広告部に配賦される電話料及びその他の経費、セールスマンに与えられる家庭雑誌代、宣伝自動車費、プレミアム、広告関係の協会・諸機関の会費、試験所費、セールスマンのための広告用ポートフォリオ費、同業組合の特殊広告基金への寄付金工場もしくは事務所の建物に掲げられるサイン代、セールス用のカタログ代、研究及び市場調査費、販売店の協力に対して支払われる広告割引
広告費に算入してはならない費目	広告費によって処理される場合が多いが、広告費に属するものではない費目		無料進呈の商品代、ピクニック及びバザーのプログラム費、慈善・宗教・共済組合への寄付金、ノレンをうるためのその他の経費、カートン代、ラベル代、説明書代、パッケージ代、プレス・エージェントの料金、広告部以外で使用した文房具代、価格表代、セールスマンの名刺代、販売関係だけで使用する映画代、工場従業員に与えられる家庭雑誌代、取引関係のボーナス、特殊リベート、同業組合の会費、得意先及び見込客の接待費、年次報告書代、ショールーム代、デモンストレーション・ストア代、販売会議費、販売用見本代、従業員の間で行われる福利厚生活動費、野球チーム等のレクリエーション活動費、集会で使用される販売費用、ノレンをえるために広告主に向けて発行されている特殊刊行物代

出典：坂本昭二郎稿「広告予算の編成」、久保村・村田編『広告論』有斐閣双書

3．広告効果の測定

(1) 効果測定の意義

　広告はそれ自体が広告計画にのっとった目標を持っていますから、目標の達成度や広告の効き目の測定評価をしなければ、当面の広告が有効なのか、無効なのかがわからないままに終わってしまいます。以後の広告活動に対する改善のポイントも発見できません。広告効果の測定は、広告の成果または実績を知るという点で、重要な意味を持ちます。

(2) 効果測定の方法

　以前はある商品の売上高が増えた場合、その増加分が広告活動の成果であるという考え方が支配的でしたが、1961年にコーレイ（R.H.Colley）がDAGMAR（ダグマー）理論を発表して以来、広告の受け手の人々の心理面での変化をもって広告の効果とすべきであるという認識に変わってきました。売上高の増加は、広告活動をその一部として持つマーケティング活動全般の効果と考えるわけです。未知の商品を消費者に認知してもらい、企業をよく理解し、好感を持ってもらえたら広告効果と捉えます。ネット広告では、ヒット（サイト閲覧）、クリック、レスポンスの3つがあり、記録数で確認します。ページ・ビューはアクセスページだけのカウント。

　効果測定には数値で量的に把握する「定量調査」と消費者の意識を質的に知る「定性調査」があります。

①視聴率調査

　テレビ番組を見たということが、そのままCMを見たということにはなりませんが、深い関連があることは事実です。

　わが国では、㈱ビデオリサーチが機械による世帯視聴率調査をしますが、最近では個人視聴率データもとることができます。

▶▶▶広告関連データ一覧◀◀◀

A. 広告主をとらえるデータ

日本の広告費	電通
DAS 電通広告統計	電通
特定サービス産業実態調査・広告業編	経済産業省
特定サービス産業動態統計	経済産業省
有力企業の広告宣伝費	日経広告研究所
広告動態調査	日経広告研究所
新聞広告レポート	エム・アール・エス広告調査
雑誌広告レポート	エム・アール・エス広告調査
テレビ広告報告書	ビデオ・リサーチ
ラジオ広告報告書	ビデオ・リサーチ

B. 媒体と広告会社をとらえるデータ

通信白書	総務省
情報メディア白書	電通総研
月刊メディア・データ	メディア・リサーチ・センター
ABC レポート	日本 ABC 協会
MRS 中吊り広告統計	エム・アール・エス広告調査
主要広告代理業売上高の調査	広告経済研究所
JR 交通広告データブック	JR 東日本企画

C. ユーザーをとらえるデータ

NHK 国民生活時間調査	NHK 放送文化研究所
好きなタレント調査	NHK 放送文化研究所
消費者の媒体別広告評価と行動調査	日本広告主協会
JAAAA 新聞広告の注目度・印象・FAX アンケート	日本広告主協会
企業の好き嫌いイメージ調査	日経広告研究所・日経リサーチ
日経「企業イメージ調査」	日経産業消費研究所
テレビ視聴率	ビデオ・リサーチ

出典：日経広告研究所編「広告白書」をもとに作成

ADvertising STRATEGIC version

なお、広告取引の際にGRPという用語がしばしば登場するので、簡単に触れておきます。GRPはGross Rating Pointのことで、延べ視聴率と訳されます（単位は％）。

GRP＝リーチ（Reach：到達率）×フリークエンシー（Frequency：平均視聴頻度）

リーチは少なくとも1回以上視聴した世帯の割合、フリークエンシーは少なくとも1回以上視聴した世帯が平均何回視聴したかを表します。

②リーダーシップ・サーベイ

新聞・雑誌に掲載された広告を「見たかどうか。見たのなら、どの部分を見たか。写真だけか、それとも文章までか」などの質問に答えてもらって効果を測定する方法です。

③アイ・カメラ法

眼球の動きを追って何を見ているかがわかるアイ・カメラをつけた被験者に広告を見せて、広告のどの部分をどの程度見ていたか、どこからどこへ視線を移したかなどを記録します。

④質問紙法

広告を見せて、「非常に良い、良い、どちらでもない、悪い、非常に悪い」といったスケールから評価する『評価法』、広告物数点を良いと思われるものから順位づけさせる『順位法』、2つの広告のうちどちらかを選ばせる『一対比較法』、「新しい、古い」というような一対の言葉をスケールを通じて評価させる『セマンテック・ディファレンシャル法』などの方法があります。

⑤GSR法

皮膚の汗腺が活発になると皮膚電流が流れやすくなるという人間の生理反応に着目したもので、ポリグラフとも言います。指先に検出装置をつけてCMを見せ、その反応により刺激の強さを見ます。

▶▶▶広告効果を把握するためのデータ◀◀◀

広告の認知率調査	49.8
企業イメージ・好意度調査	49.5
視聴率	46.3
景品の応募、資料請求、問い合わせ件数	45.7
商品・ブランドの認知率調査	44.1
販売員・営業現場の反応	35.1
来客・入場者数	33.9
広告の注目率調査	31.3
企業の知名度調査	30.4
商品・ブランドの売上高調査	28.4
商品・ブランドの購買意欲調査	26.5
POSデータ	22.0
商品・ブランドのイメージ・ロイヤルティー調査	21.4
商品・ブランドのシェア調査	20.4
商品・ブランドの利用率調査	9.6
その他	3.2

出典：日経広告研究所『広告動態調査』をもとに作成。複数解答・%

ADvertising STRATEGIC version

4. 広告の法的規制

(1) 広告の規制の意味

　広告そのものを直接的に規制する法律はそれほど多くありませんが、広告活動を進めていく上で関わり合いを持ってくる法律、たとえば、ポスターに写真を使う場合に生ずる著作権法上の問題、街頭でイベントを行う場合に生ずる道路交通法上の問題、オープン懸賞を実施する場合に生ずる景品表示法の問題、というように考えていくと広告・宣伝担当者が知っておくべき法律はかなり広範囲に及ぶことがわかります。

　広告の規制の問題は大きく3つに分けて考えます。
　①法的規制……国の定める一般の法律による規制
　②自主規制……広告主、媒体社、広告会社、業界団体による自主
　　　　　　　　的な規制
　③公正競争規約……自主規制の一種だが公正取引委員会の認定を
　　　　　　　　　　受けるもの

　広告の規制において、まず重要なのは自主規制です。次いで公正競争規約、法的規制という順になります。これは決して法律を軽視するということではありません。法律は守って当然、守らなければ罰則規定もあります。しかし、法律は万能ではなく、すべてをカバーするのは不可能です。そこでより根源的に補完するのが自主規制や公正競争規約です。これらは倫理面、道徳面も含めて法律よりも細かく厳しい規制内容になっています。その意味で自主規制や公正競争規約をより重視すべきだということなのです。広告に限ったことではありませんが、法律や条例にさえ違反したり、触れなければ許されるというものではないのです。

▶▶▶広告法規の三層構造◀◀◀

第1層	広告の基準・自主規制	
	広告主独自の自主規制、申し合わせ事項、商習慣 日本広告主協会（倫理綱領） 全日本広告連盟（広告綱領） 日本新聞協会（新聞広告掲載基準）各新聞社倫理綱領 日本雑誌広告協会（雑誌広告掲載基準） 日本民間放送連盟（放送基準） 日本広告業協会（広告倫理綱領） 日本広告審査機構（JARO）	
第2層	公正競争規約	
	表示67件　景品37件　2013年12月現在	業界ごとの商習慣
第3層	広告の法規制	
	公法	●憲法（21条「表現の自由」、29条「財産権」） ●財政・租税法（会計法、法人税法） ●警察・防衛法（道路交通法、屋外広告物法） ●環境法（騒音規制法、環境基本法） ●教育・文化法（教育基本法、社会教育法）
	民事法	●民法、商法、民事訴訟法
	刑事法	●刑法、軽犯罪法、刑事訴訟法
	経済法	●独占禁止法、景品表示法、不正競争防止法、計量法
	社会法	●消費者保護基準法、PL法、薬事法、食品衛生法
	無体財産法	●著作権法、商標法、意匠法
	国際条約	●世界人権宣言、万国著作権条約

出典：岡田米蔵著『わかりやすい広告六法』日刊工業新聞社、1996年

ADvertising STRATEGIC version

(2) 法的規制

- 独占禁止法……「私的独占の禁止及び公正取引の確保に関する法律」2条9項3号で、不当な顧客誘引行為を禁止しています。
- 景品表示法……「不当景品類及び不当表示防止法」。広告を含む「不当表示」全般を規制し、過大な景品類の提供を禁止しています。平成27年改正法で違反業者に一定の課徴金が課されます。
- 不正競争防止法……広く知られた他人の商品・営業と混同を生じさせる表示、及び商品の原産地・品質・内容・数量等につき誤認させる表示を禁止しています。
- 消費者保護基本法……第10条の「表示の適正化」をうたっています。
- 民法……709条「不法行為」は、故意・過失によって他人の権利を侵害した者は損害賠償の責に任ず、としています。
- 軽犯罪法…1条34号で、物の販売・役務の提供にあたり、人を欺き、誤解される広告を禁止しています。
- 著作権法……他人の著作物の無断使用を禁止しています。
- 工業所有権法（特許・実用新案・意匠・商標）……特許もしくは登録を受けた旨の虚偽表示を禁止しています。
- 計量法……法定計量単位の表示を義務づけています。
- 放送法……「広告放送の告知」その他を規定しています。
- 屋外広告物法、都道府県の屋外広告物条例……屋外広告物の掲出場所、方法等を規制しています。
- 道路交通法……路上における広告板設置やロケーションを規制しています。
- 都道府県・政令指定都市の消費者保護条例……表示・広告の適正化をうたっています。
- 都道府県の青少年保護育成条例……有害広告物の規制をしています。

▶▶▶日本の PL 法「製造物の欠陥」一覧表◀◀◀

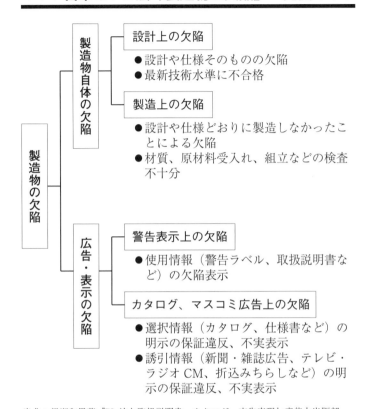

- 製造物の欠陥
  - 製造物自体の欠陥
    - 設計上の欠陥
      - ●設計や仕様そのものの欠陥
      - ●最新技術水準に不合格
    - 製造上の欠陥
      - ●設計や仕様どおりに製造しなかったことによる欠陥
      - ●材質、原材料受入れ、組立などの検査不十分
  - 広告・表示の欠陥
    - 警告表示上の欠陥
      - ●使用情報(警告ラベル、取扱説明書など)の欠陥表示
    - カタログ、マスコミ広告上の欠陥
      - ●選択情報(カタログ、仕様書など)の明示の保証違反、不実表示
      - ●誘引情報(新聞・雑誌広告、テレビ・ラジオ CM、折込みちらしなど)の明示の保証違反、不実表示

出典:梁瀬和男著『PL 法と取扱説明書・カタログ・広告表現』産能大出版部

(3) 著作権法

　知的所有権の中でも商標権は、出願、登録という手続きを経て権利が発生しますが、著作権は創作された時点で発生する権利です。ただし、いつ誰が創作したかは、それを何らかの方法で公表しないかぎりわかりません。そこで、著作物に © のマークをつけることがあります。これは Copyright の頭文字で、著作権が誰にあるかを明らかにするもので、最初に発表された年号とともに表示されています。しかし、© マークがついていないからといって、無断転載が許されるということではありません。

　具体的な例で見てみましょう。たとえば、文学作品の一節をポスターやパンフレットに使用する場合、著作権者の死亡から50年を経過していれば自由に使えます。50年に満たない場合はその遺族に権利があるので、使用許諾が必要です。新聞記事をパンフレットに使用する場合はどうでしょう。もしそれが、単に事実を伝達したにすぎない純然たる記事であれば著作物には該当しませんが、記者の主観、意見などが入っているものは著作物です。いずれにしても、印刷物として公表されているものはすべて著作物であるという観点から、安易な転載は避け、どうしても使いたい場合は著作権者の使用許諾を受けなければなりません。

　なお、おもに文章としての著作物を念頭に述べてきましたが、写真や絵画、音楽（歌詞や楽譜も）についても同様に著作権があります。

(4) 肖像権

　肖像権は、自分の意志に反して自分の肖像を公表されたり、営利目的に使用されないように守る権利のことです。一般人の場合ならプライバシーの侵害にあたり、著名人の場合なら経済的な利益に関わるので、肖像財産権侵害になります。

⑸ 商標法

®の表示をよく見かけますが、これは「登録商標」(Registered Trademark) のことです。特許庁に登録され、法律的に保護されているものです。®の表示がなくてもほとんどの商品・企業のマークやロゴタイプは商標登録されていると思って間違いありません。これらを不用意に使用してはいけません。類似するマークの使用も商標権の侵害にあたるので注意が必要です。場合によっては損害賠償を請求されることもあります。

⑹ PL法

PL (Product Liability) 法とは「製造物責任法」のことで、わが国では1995年7月から施行されました。商品の欠陥によって被害を受けた消費者を救済しようとするもので、メーカー側に過失がない場合でも製品に欠陥があれば被害者は損害賠償を受けられる、いわゆる無過失責任を規定しています。これまでの法律では、被害者側がメーカーの過失を立証しなければなりませんでしたが、PL法では製品の欠陥と事故との因果関係が証明できれば基本的に損害賠償が受けられます。

PL法が広告と関係が深いのは、ここでいう欠陥が「製品自体の欠陥」だけでなく、「表示上の欠陥」「カタログ、マスコミ広告上の欠陥」を含んでいるからです。「表示上の欠陥」とは具体的には警告ラベルや取扱説明書、マニュアル等の「使用情報」の不備を意味しています。

また「選択情報」としてのカタログ、仕様書などの明示の保証違反および不実表示、「誘引情報」としてのマスメディア広告、パブリシティでのプレス・リリースなどの明示の保証違反、不実表示も「製造物の欠陥」の対象となると考えられます。十分な配慮と注意が必要です。

POINT
第10章のまとめ

　広告は一見派手な仕事と思われていますが、他の業務と同様に明確な目標によって計画を立て、予算管理をし戦略的に展開して、実施後の効果測定を次につなげる地道な作業が欠かせません。
　また、広告には意外と規制が多いので、基本的な法律理解が求められます。広告担当者はこうした表に出ない業務知識についても身につけることが大切です。

[経営のトレンド・キーワード]

◆ CSR（Corporate Social Responsibility）

　企業の社会的責任あるいは社会責任と訳される。近年 CSR の略語で呼ばれるのは企業行動がグローバル化し、社会での存在意義や影響力が強まったことによる。企業は本業で基本的責任を、社会遵守や経営倫理で義務的責任を、さらに社会や環境などへの支援責任を果たすべき機能を求められている。株主・投資家、顧客、社員、地域社会、取引先等の利害関係者（ステークホルダー）と常にコミュニケーションし、役割の変化に対応しながら良好な関係を構築し、透明性を保たねばならない。これが企業評価にも反映されるようになった。また ISO（国際標準化機構）は 2010 年 11 月に ISO26000（社会的責任に関するガイドライン）を発行している。

◆ コーポレート・ブランド（Corporate Brand）

　企業ブランドのことで企業の名称やマークを指す。元来ブランドは製品・サービスについて品質を保証し、競合製品と識別するためのプロダクト（商品）ブランドを意味していた。だが、市場の成熟化により、生活者の購買行動が企業のブランドを選好基準にするようになった。特に日本では徳川江戸時代より老舗の"のれん"を重んじる風潮があり、一層企業ブランド指向を強めているように思われる。近年では企業価値評価の観点から企業ブランドを"のれん代"という無形資産評価をする傾向が強まっている。企業を存続する（ゴーイングコンサーン）と見なし、有形の不動産設備などではなく、将来キャッシュフローを生みだす源泉としての無形の企業ブランドを資産評価する。広報 PR・IR や広告・宣伝、販売促進、人的セールスなどあらゆるコミュニケーションやビジネス活動が市場・社会でコーポレート・ブランドを形成することになる。

主な広告・広報 PR 関連団体

団体名	住所	電話
全日本広告連盟	〒104-0061 東京都中央区銀座7-4-17 電通銀座ビル	☎03-3569-3566
日本広告業協会	〒104-0061 東京都中央区銀座7-4-17 電通銀座ビル8F	☎03-5568-0876
日本アドバタイザーズ協会	〒104-0061 東京都中央区銀座3-10-7 銀座東和ビル8F	☎03-3544-6580
ACジャパン東京事務局	〒104-0061 東京都中央区銀座7-4-17 電通銀座ビル	☎03-3571-5195
日本広告審査機構(JARO)	〒104-0061 東京都中央区銀座2-16-7 恒産第1ビル	☎03-3541-2811
日本マーケティング協会	〒106-0032 東京都港区六本木3-5-27 六本木山田ビル9F	☎03-5575-2101
日本マーケティング・リサーチ協会	〒101-0044 東京都千代田区鍛冶町1-9-9 石川LKビル2F	☎03-3256-3101
日本雑誌広告協会	〒101-0062 東京都千代田区神田駿河台1-7 日本雑誌会館内	☎03-3291-6202
日本新聞協会	〒100-8543 東京都千代田区内幸町2-2-1 日本プレスセンタービル7F	☎03-3591-4401
日本地方新聞協会	〒160-0008 東京都新宿区三栄町8-37 四谷ビジネスガーデン224号	☎03-6856-6997
日本ABC協会	〒100-0012 東京都千代田区日比谷公園1-3 市政会館4F	☎03-3501-1491
日本世論調査協会	〒104-0061 東京都中央区銀座6-16-12 丸高ビル ㈳中央調査社気付	☎03-3543-5630
日本民間放送連盟	〒102-0094 東京都千代田区紀尾井町3-23	☎03-5213-7711
NHK放送文化研究所	〒105-6216 東京都港区愛宕2-5-1 愛宕MORIタワー16F	☎03-5400-6800
日本雑誌協会	〒101-0062 東京都千代田区神田駿河台1-7	☎03-3291-0775
日本マス・コミュニケーション学会	〒259-1292 神奈川県平塚市北金目4-1-1 東海大学文学部内	Email：mscom@tsc.u-tokai.ac.jp
日本広告学会	〒160-8050 東京都新宿区西早稲田1-6-1 早稲田大学商学学術院嶋村和恵研究室内	☎03-5286-2042
日本パブリックリレーションズ協会(日本PR協会)	〒106-0032 東京都港区六本木6-2-31 六本木ヒルズノースタワー5F	☎03-5413-6760
株式会社日本プレスセンター	〒100-0011 東京都千代田区内幸町2-2-1 日本プレスセンタービル	☎03-3580-1581
日本BtoB広告協会	〒103-0014 東京都中央区日本橋蛎殻町2-11-3 東信水天宮ビル6F	☎03-5645-8852
日本広報協会	〒160-0022 東京都新宿区新宿1-15-9 さわだビル10F	☎03-5367-1701
日本イベント産業振興協会	〒102-0082 東京都千代田区一番町13-7 一番町KGビル3F	☎03-3238-7821
経済広報センター	〒100-0004 東京都千代田区大手町1-3-2 経団連会館19F	☎03-6741-0011
経団連事業サービス社内広報センター	〒100-8187 東京都千代田区大手町1-3-2 経団連会館19F	☎03-6741-0048
日本音楽著作権協会(JASRAC)	〒151-0064 東京都渋谷区上原3-6-12	☎03-3481-2121
日本IR協議会	〒101-0047 東京都千代田区内神田1-6-6 MIFビル9F	☎03-5259-2676

参考・引用文献と資料
(順不同)

『改訂新版・増補　実践危機管理読本』
藤江俊彦、日本コンサルタントグループ、2012年

『災害危機管理読本』
藤江俊彦（編著）、日本コンサルタントグループ、2009年

『はじめてのマスコミ論』
藤江俊彦、同友館、2006年

『はじめての広報誌・社内報編集マニュアル　改訂版』
藤江俊彦、同友館、2007年

『現代の広報―戦略と実際―』
藤江俊彦、同友館、2002年

『○○会社広報部』
藤江俊彦、総合法令、1991年

『要説企業コミュニケーション論』
藤江俊彦、中央経済社、1994年

『印刷発注・編集マニュアル』
藤江俊彦、PHP研究所、1990年

『マスコミとうまくつき合う法』
藤江俊彦、日本実業出版社、1994年

『インハウスコミュニケーション』
藤江俊彦、電通、1993年

『社内報の作り方』
藤江俊彦、日本経済新聞社、1993年

『経営戦略論入門』
藤江俊彦（編著）、同友館、2004年

『経営とイメージ戦略』
藤江俊彦（共著）、国元書房、1999年

『価値創造のIR戦略』
藤江俊彦、ダイヤモンド社、2000年

『環境コミュニケーション論』
藤江俊彦、慶應義塾大学出版会、1997年

『ホームページのすべて』
高川敏雄、PHP研究所、1996年

『わかりやすい広告六法』
岡田米蔵、日刊工業新聞社、1996年

『ザ・CM』
日本テレビコマーシャル制作社連盟編、東洋経済新報社、1992年

『マーケティング・ハンドブック』
岸孝博、PHP研究所、1992年

『広告論概説』
大石準一、世界思想社、1994年

『戦略広報の手引き』
加固三郎、東洋経済新報社、1984年

『新版広告概論』
柏木重秋、ダイヤモンド社、1988年

『販売促進チェックポイント50』
水口健次、日本経済新聞社、1986年

『PL法と取扱説明書・カタログ・広告表現』
梁瀬和男、産能大出版部、1994年

『広告論』
久保村、村田編、有斐閣、1969年

『クリエーターのための知的財産権ルールブック』
凸版印刷知的財産権研究会、グラフィック社、1994年

■著者略歴■

藤江　俊彦
ふじえ　としひこ

　昭和21(1946)年生まれ。慶應義塾大学法学部政治学科卒業。ビジネス・キャリアを経て、現在、千葉商科大学大学院客員教授。(公社)日本広報協会広報アドバイザー、(一社)日本経営管理学会副会長。
　主要著書：『現代の広報―戦略と実際』(同友館、日本広告学会賞受賞、日本図書館協会選定図書)、『価値創造のIR戦略』(ダイヤモンド社、実践経営学会「名東賞」受賞)、『はじめてのマスコミ論』(同友館)、『改訂新版・増補 実践危機管理読本』(日本コンサルタントグループ、同書改訂版で日本リスクマネジメント学会賞受賞)、『災害危機管理読本』(共著)(日本コンサルタントグループ)、『経営戦略論入門』(同友館)等多数。
［連絡先］
　　藤江事務所　e メール：coc@msa.biglobe.ne.jp

1997(平成 9)年 3 月24日　初版　第 1 刷発行
2015(平成27)年 5 月20日　新版　第 1 刷発行
2017(平成29)年 5 月20日　新版　第 2 刷発行

新版　はじめての広報・宣伝マニュアル

著　者　©　藤江　俊彦
発行者　　　脇坂　康弘

東京都文京区本郷3-38-1
郵便番号 113-0033
発行所　株式会社　同友館
電話 03(3813)3966
FAX 03(3818)2774
www.doyukan.co.jp

乱丁・落丁本はお取り替えいたします　　　東港出版印刷

ISBN978-4-496-05134-0　　　printed in japan

本書の内容を無断で複写複製(コピー)引用することは特定の場合を除き、著作者・出版者の権利侵害となります。